나는 왜
엄마가
힘들까

나는 왜 엄마가 힘들까

초판 1쇄 발행 2020년 3월 16일
개정판 2쇄 발행 2023년 3월 31일

지은이 썸머

펴낸곳 책과이음
출판등록 2018년 1월 11일 제395-2018-000010호
대표전화 0505-099-0411 **팩스** 0505-099-0826
이메일 bookconnector@naver.com
Facebook·Blog /bookconnector
Instagram @book_connector

ISBN 979-11-90365-24-6 03180

책과이음 • 책과 사람을 잇습니다!

나르시시스트 엄마에게
고통받는 딸을 위한
정서적 독립 프로젝트

썸머 지음

나는 왜
엄마가
힘들까

책과이음

사이다힐링 유튜브 구독자들의 추천사

이 책은 내 인생의 끔찍한 굴레를 끊는 데 필요한 가위가 되어주었다. 이제 세상에 당당히 맞서 살아갈 용기가 난다. ID_Claire

나라는 사람이 누구인지 찾기 위해 무던히도 노력했지만 늘 실패했다. 하지만 이제는 안다. 내가 이상한 게 아니라는 걸. ID_crosso

내가 나쁜 게 아니라 그렇게 생각하도록 '조종'당하고 있었다는 걸 깨달았다. 더 이상 조종당하고 싶지 않은 사람들을 위한 책이다! ID_Helena

나는 줄곧 자기 파괴적 행동을 일삼았다. 그러다 우연히 사이다힐링을 보고 문제의 원인이 내가 아니라는 걸 깨달았다. 스스로 나를 아껴준다는 게 얼마나 중요한 일인지! 이젠 있는 그대로의 내가 너무나 좋다. ID_klie

스스로를 치유의 여정으로 이끌, 상처받은 이들을 위한 인생 참고서라고 말하기에 부족함이 없다. ID_nareaa

30년 넘게 묵혀온 내 마음속 의문이 사이다처럼 해결되었다. 고구마 같은 엄마의 행동 탓에 힘든 사람들에게 강력 추천한다. ID_꿈꾸는아침

이 책을 더 일찍 알게 되었다면 내 인생이 훨씬 나아졌을 텐데……. 몇 번이고 되풀이해 읽을수록 내게 힘을 주는 책이다. ID_나는나45

"당신 잘못이 아니에요." 그 한마디로 충분했다. 부질없는 기대일랑 이제 그만 접고, 꿋꿋이 나의 길을 갈 것이다. ID_나로 살고 싶은 엄마

엄마와의 관계에서 오는 고민을 털어놓기 어려울 때, 멀리 가지 말고 이 책을 읽어보라. 진리가 당신을 자유롭게 해줄 것이다! ID_네일

한창 자기혐오에 시달릴 무렵 사이다힐링을 알게 되었고, 오로지 나로서 살아갈 수 있게 되었다. 감정적 폭력도 폭력이다. 이제는 가정이라는 이름의 굴레 안에서 발생하는 폭력에서 벗어나 자기 자신을 아끼고 사랑해야 할 때다. ID_느루

이제야 그간 얻은 마음의 상처를 치유하고 보상받는 것 같다. 참는 게 능사가 아니다. 이 책을 좀 더 일찍 알았더라면 좋았겠지만, 뒤늦게라도 알게 된 데 감사한다. 내가 아끼는 이들에게 널리 알리고 싶다. ID_또까뿌까혜진

회복되지 않는 모녀관계의 답을 찾았다. 내 삶의 은인이다! ID_새우그라탕

이 책을 보고 나르시시스트 부모에 대해 알게 되었고, 이제는 괴로웠던 29년의 삶에서 해방돼 산다. 우울증을 앓느라 지쳐 있는 가정폭력 생존자들에게 일독을 권한다. ID_소망

사이다힐링 유튜브 구독자들의 추천사

우리 엄마는 늘 딸인 내가 문제라고 했지만 사실은 엄마가 모든 문제의 근원이라는 걸 확실히 알게 되었다. 혹시 지금 당신이 도무지 종잡을 수 없는 엄마의 마음을 이해하려 애쓰고 있다면, 이 책을 추천한다! ID_썸머사이다 마시고 살았어윰

진짜 '엄마력'이 중요한 오늘날, 불편한 모녀 관계로 고민하는 모든 이에게 새로운 시각을 선물할 만한 책이다. ID_얼음보리차

우울증이 심해질수록 나 자신을 한없이 자책하면서 살았다. 책을 접하고 나서 내 삶의 수많은 의문이 실타래처럼 풀려나가는 걸 느꼈다. 이제 겨우 시작이지만 그것만으로도 충분하고 감사하다. ID_이은정

이 책이 아니었다면 나는 여전히 엄마의 문제가 무엇인지 모른 채 구렁텅이에서 헤어 나오지 못했을 것만 같다. ID_쩨

이 책을 모르고 죽었으면 한(恨) 때문에 구천을 떠돌 뻔했다. 내 인생의 은인이다. ID_코디틸츌

끊임없는 방황 도중 만난 이 책이 내 인생과 인간관계를 바로 잡아주었다. 상처받고 괴로워하는 모든 이들에게 권한다. ID_코디힐

지금 이 순간 앞이 보이지 않는 어두운 미로 속에서 헤매고 있는 것 같다고 느

끼는 많은 이들에게 희망의 등불이 되어주는 책이다. ID_해피모드55

원인을 알 수 없는 부정적인 감정을 회피하기에 바빴던 내가 이 책을 읽고 난 뒤 내면 아이를 만나고 불완전한 나를 포용할 줄 알게 됐다. 나는 이제 나를 사랑하는 여행을 새롭게 시작하기로 했다. ID_홍코코

나는 내가 엄마의 인생을 꼬이게 만들고, 하는 일마다 엄마에게 상처와 창피를 안겨주는 존재인 줄로만 알았다. 나 자신이 지독히도 미웠다. 엄마를 위해 나를 더욱 채찍질하고 몰아붙였다. 그러다 어느 순간 한계에 부딪혔을 때, 우연히 알게 된 이 책이 나를 구원해주었다. 오랜만에 사람 사는 것처럼 산다. 정말로 사람을 살리는 사이다힐링이다! ID_활활

'도대체 내 인생은 뭐가 문제일까? 왜 열심히 살수록 꼬이기만 할까?' 의문이 꼬리에 꼬리를 물었을 때 우연히 이 책을 알게 되었다. '아하! 이거였구나!' 싶었다. 심리적 공격에서 나를 방어하는 법을 배우자 인생이 한층 평화로워졌다. 비슷한 어려움에 처한 사람들에게 이 책의 도움을 받아보라고 말해주고 싶다. ID_힐링타임

| 프 | 롤 | 로 | 그 |

🍂

나는 엄마의 엄마로 살아왔다

엄마는 이 세상에서 나를 가장 힘들게 만드는 사람이었다. 그러나 동시에 나는 엄마의 인생에 대한 막대한 책임감과 죄책감을 가지고 있었다. 엄마의 강압적인 태도와 냉철한 지적은 내게 우울증과 자살 충동을 가져다주었다. 하지만 나는 그런 엄마의 행동을 이해하려 노력했다. 남보다 모진 인생을 살아온 엄마이니만큼 내가 엄마의 공허함을 채워주기 위해 고군분투해야겠다고 생각했다.

엄마가 지나가는 말로 "같이 일하는 애들은 다 록시땅인가? 그 핸드크림 바르더라" 하며 부러워했던 걸 기억한 나는 엄마에게 록시땅 핸드크림을 가져다주었다. 엄마가 직장에서 이걸 바르면 당신의 열등감이 조금은 해결되지 않을까 기대하면서. 정작 나는 편의점에서 1,200원 주고 구입한 핸드크림을 겨우내 썼지만 말이다.

밑 빠진 독에 물 붓기

그러나 엄마는 마치 빚쟁이처럼 나의 시간과 에너지, 돈을 줄기차게 요구했다. 아무리 채워주어도 요구는 끝이 없었다. 생신을 맞이해 외식을 시켜드리면 좋아하다가도, 다음 날에는 "네가 언제 부모 생일에 미역국이라도 끓여서 밥상 차려준 적이 있냐"며 나를 원망했다. 지금 생각해보면 엄마는 애정과 관심, 인정 그리고 돈에 목마른 하이에나였다.

콩쥐가 제아무리 밤새 물을 길어도 밑 빠진 독을 채울 수 없듯이, 내 청춘과 인생을 몽땅 갈아 넣었지만 나는 결국 엄마를 채워주지 못했다. '나 전달법'을 배워 허심탄회하게 대화해봐도, 진심을 다해 엄마의 결핍과 상처를 위로해봐도 엄마와의 관계는 쳇바퀴를 돌 듯 제자리를 빙빙 돌 뿐이었다.

엄마 때문에 힘든 사람 다 모여라, 오바~!

문제가 엄마에게 있었다는 사실을 알게 된 건 아이를 키우면서부터였다. 당시 나는 낯선 나라에서 산후조리원이나 산후조리사의 도움 하나 없이 좌충우돌하며 온종일 자신만 봐달라는 아기를 키우고 있었다. 그러다 문득, 어린아이를 돌보는 것처럼 내가 평생 엄마를 돌보아왔다는 사실을 깨달았다. 젖먹이 아기를 돌보듯, 어디 불편한 부분은 없는지, 무엇을 해주어야 행복해할지, 어떤 물건을 새로 사주어야 좋을지 끊임없이 엄마를 관찰하며 필요를 채워주었던 지난 30년이 스쳐 지나갔다.

도대체 무엇이 문제였을까를 고민하다가 우연히 나르시시스트(자기애성 인격장애) 부모에 관한 자료를 찾아보게 되었다. 수많은 책과 영상과 논문이 나르시시스트 부모와 자녀의 관계를 이야기하고 있었다. 나는 그 속에서 점차 내 인생의 진실을 엿볼 수 있었다.

나는 아기가 낮잠을 자는 동안, 나르시시스트 학대에 관해 공부했고, 아기가 밤잠을 자는 동안 거실에서 조용히 핸드폰 녹음기를 켜서 그간 공부한 이론과 나의 경험을 녹음해 유튜브에 올리기 시작했다.

시작은 단순했다. 그저 지난 30년간 내 마음을 억누르고 있던 엄마에 대한 분노와 죄책감, 원망, 책임감을 쏟아내고 싶었다. 아무도 듣지 않는 대나무 숲에 가서 "임금님 귀는 당나귀 귀-"라고 외쳤던 모자 기술자처럼.

편집도 없고, 특별한 이미지도 없는 영상이었지만 나처럼 가족과 갈등을 빚던 사람들이 유튜브 채널에 하나둘 모이기 시작했다. 소중한 가족을 이해해주고, 품어주고, 돌봐주려고 평생 노력했지만 우울증과 불안감, 낮은 자존감만 얻은 사람들이었다. 나르시시스트들의 학대 수법에 관해 이야기할 때마다 모두 "나르시시스트 학교가 있어서 그곳에서 다른 사람을 어떤 방식으로 조종하고 학대하는지 배우는 것 아니냐"며 놀라워했다. 저마다 이전까지 누구에게서도 이해

받지 못했던 아픔을 비로소 온전히 공감받기 시작한 것이다.

우리 잘못이 아니에요

이 책을 집어 든 여러분의 마음을 나는 누구보다 잘 알고 있다. 성인이 된 지금까지 여러분의 내면에서는 분노와 두려움이 쉴 새 없이 휘몰아쳤을 것이다. 지쳐서 나가떨어질 때까지 자신을 몰아세우며 딸로서, 누나로서, 언니로서, 아내로서, 엄마로서 주어진 모든 것을 완벽하게 해내기 위해 바쁘게 살아왔을 것이다. 약간의 빈틈이라도 용납할 수 없어 매우 불안해했을 것이다.

이 책에서는 엄마를 '나쁜 엄마'나 '집착하는 엄마'라고 에둘러 표현하지 않는다. 딸이라서 차별받았던 성장환경, 모진 시집살이, 지긋지긋한 가난, 무심한 남편을 핑계 삼아 엄마의 행동을 정당화하며 이해해주지 않는다. 엄마를 한 명의 여성으로써 바라보라든지, 더는 엄마를 원망하지 말고 미래로 나아가자며 섣부른 화해나 화합을 권유하며 마무리하지도 않는다.

나는 우리의 엄마들을 인격장애를 앓는 학대자(나르시시스트)라고 부른다. 이들은 지독하게 자기중심적이며, 착취적인 학대자다. 자신의 자식조차 감정 쓰레기통이나 에너지 공급원으로 사용하며 끊임없이 남의 자존감을 도둑질해야만 살 수 있는 사람들이다.

우리 엄마는 그 정도까지는 아니라서요

지금쯤 독자 중 일부는 이런 생각을 하며 남몰래 불편해할지도 모른다.

'본인 엄마를 함부로 인격장애라고 단정 짓고 계시네요. 저도 엄마 때문에 힘들긴 한데…… 이런 엄마들이 다 학대자라니 그건 아닌 것 같네요.'

어쩌면 당연한 반응이다. 가끔 내 주변 사람들도 엄마와의 관계로 힘들어하는 나를 위로하며 이런 조언을 던지곤 했다.

"너무 극단적으로 생각하면 네게도 좋지 않아. 나도 우리 엄마 때문에 고생 좀 했지만 나중에 엄마가 내 아들 예뻐하는 모습을 보니까 예전에 그렇게 날 괴롭히던 일이 머릿속에서 싹 다 지워지더라고. 너도 이제 자식 키우는 엄마인데 어떻게 철없는 어린아이처럼 네 엄마를 원망할 수 있어. 이제 그만 다 잊고 용서해."

한번은 상담을 받으러 찾아간 심리상담사조차 내게 엄마의 행동과 말을 더 이상 분석하려 들지 말고, 그저 그 시대를 살았던 한 여성으로 이해하고 넘어가라며 이야기했다.

실제로 나르시시스트에게 학대를 경험한 이들 중 상당수는 자신의 소중한 사람이 나르시시스트라는 사실에 강한 저항감을 드러낸다. 이따금 나를 찾아와 자신이 겪는 문제와 어려움을 폭포수처럼 쏟아내는 지인들도 다르지 않았다. 끝없이 이어지는 이야기를 몇 시간, 때로는 몇십 시간에 걸쳐 들어준 뒤, "아무리 포용하고 이해하고 채워주어도 당신이 소중히 여기는 사람은 우리와 생각하는 방식이 완전히 다르다"고 조심스럽게 조언해주어도 나의 노력은 대부분 효과를 보지 못했다. 이들은 자신과 사랑하는 사람과의 관계를 피해자와 학대자로 규정짓는 데 분노하고 도리어 내게 모멸감을 주거나 공격적인 반응을 보였다. 이들 대부분은 다시 자신의 나르시시스트에게 돌아가 예전의 패턴을 반복했다. 진실을 거부하고 저항하며, 자신의 나르시시스트가 언젠가는 자신의 희생과 돌봄을 알아주고 사랑으로 보답해주리라는 환상을 좇았다.

이제 용기를 내어 진실을 직면하자!

주위의 조언은 한결같이 용서와 화해, 주어진 것에 감사하기를 권한다. 그러나 나르시시스트에게 학대를 받고 있는 상황이라면 그런 일반적인 노력은 전혀 도움이 되지 않는다. 나 역시 마찬가지였다. 힘들어하는 나와 용서해야 한다는 나 사이에서 수없이 갈등하고 좌절했다. 눈물로 밤을 지새운 날이 얼마인지 셀 수도 없다.

그러다 문득 이런 생각이 들었다. 어쩌면 우리는 나면서부터 사회적, 문화적 올가미에 옭혀 있는지도 모르겠다고. 서커스단에서 길러진 아기 코끼리가 다 자란 어른이 되어서도 조그만 고리에 뒷발이 묶인 채 도망갈 생각을 못 하는 것처럼. 우리는 나를 낳고 길러준 부모가 나를 학대했다고 감히 상상할 수조차 없었다. 부모님의 은혜에 감사하며 평생 효도해야 한다는 올가미는 질기고도 무섭다. 학대자로부터 벗어날 수 있는 충분한 경제력을 갖추고, 결혼을 통해 새로운 가정을 꾸린 뒤에도, 나를 학대하는 부모로부터의 탈출을 시도하지 못하게 만든다.

물론 용서와 화해는 필요하고 권장할 만한 가치 있는 일이다. 그러나 그보다 먼저 거쳐야 할 단계가 있다. 그건 바로 현실을 직시하는 것이다. 지금 우리 발목을 칭칭 동여맨 고리를 직시해야 한다. 불편하고 힘들더라도 지금 우리에게 덧씌워진 올가미가 무엇인지 파악해야 한다. 진실을 직면하는 건 누구에게나 불편한 일이다. 하지만 용기를 낸다면 결코 불가능한 일도 아니다.

당신은 혼자가 아니다

여러분 주위에는 여러분을 걱정하는 사람들이 많이 있다. 학대자로부터 분리되고 소중한 사람들에게 응원을 받으며 길고 힘든, 하지만 의미 있는 여정을 떠나자. 주위에 아무도 없는 듯 느껴진다 해도 걱정할 필요 없다. 가장 좋은 방법은 전문 심리상담사를 정기적으로 만나는 것이다. 안전한 공간에서 내 감정을 표현하는 연습을 하면서 정서적 지지를 받을 수 있다. 혹은 지금 바로 '사이다힐링' 유튜브 채널에 오면 비슷한 상처와 아픔을 지닌 수천 명의 동지를 만날 수 있다.

　그리고 여러분에게는 나 썸머가 있다! 나는 여러분이 어떤 절망과 슬픔 속에서 이 책을 집어 들었을지 진심으로 걱정되고, 이런 마음을 담아 책을 썼다. 나는 여러분이 얼마나 따뜻하고 공감 능력이 뛰어난 사람인지 잘 알고 있다. 여러분은 자신과 가족을 돌아보기 위해 노력하고 공부하는 매우 똑똑한 사람들이다. 진실하고 순수한 여러분은 내게 그리고 우리 사회에 '복덩이' 같은 존재다.

　이 책에는 내 개인적인 경험뿐 아니라 객관적인 이론과 다양한 사례가 함께 실려 있다. 여러분의 답답한 속을 뻥~ 뚫어줄 구체적이고 현실적인 사이다 이야기가 될 것이다. 이제 본격적으로 치유의 여정을 시작해보자.

지금까지 외로웠을
당신을 위로하고
진심으로 응원하는
썸머 드림

|차|례|

3장 엄마라는 성에 갇힌 딸

4장 사랑도 일도 꼬여가는 딸

이 책에 등장하는 사례 속 주인공 이름은 모두 가명입니다.

"She will be Okay"

당신이 없어도 엄마는 괜찮을 거예요.
걱정하지 말고 당신의 행복을 찾아 떠나세요.

1장

딸을 사랑할 수 없는 엄마

엄마는 학대자였다

내가 초등학교 2학년이 되던 해부터 부모님은 밤마다 다투기 시작했다. 싸움의 이유는 대체로 아빠의 무책임한 행동으로 빚어지는 경제적 곤란이었다. 엄마와 사내 연애를 했던 첫 직장에서 3년 일한 것을 제외하면, 아빠는 어느 회사를 가든 1년을 못 버티고 금세 때려치우기 일쑤였다. 평일에는 술을 마시느라 밤늦게 들어왔고, 주말에는 밀린 잠을 자느라 가족을 돌보지 않았다.

사실 그 정도만 죽 유지했어도 감사할 뻔했다. 내가 초등학교 2학년이 될 무렵부터는 마치 고삐 풀린 망아지처럼 큰 사고를 연속으로 쳤으니 말이다. 급기야 살던 집을 담보로 받은 대출금을 갚지 못해 대부업체에 집을 빼앗기고 결국 길거리에 나앉을 처지에 몰리고 말았다.

늦은 밤 아빠가 집으로 돌아오면 엄마는 "어디서 술 처먹고 이제야 기어들어와!"를 시작으로 늘 비슷한 지청구를 늘어놓았다.

"어떻게 할 거야? 이렇게 우리 식구 길거리에 나앉게 할 거야?"

"……."

"올해 한 번도 생활비를 내놓지 않았잖아. 밥은 굶는다고 쳐도 살 집은 있어야 할 거 아냐!"

"……."

한마디 대거리라도 할 법했지만 아빠는 아무런 대꾸도 없이 묵묵히 씻고 나서 홀로 잠을 청했다. 그러면 엄마는 또 자기 화를 주체하지 못해 안방에서 나와 부엌 싱크대에 물을 콸콸 틀어놓고 '끅-끅-' 소리를 내며 울었다. 엄마는 우는 소리를 들키지 않으려고 수돗물을 틀어놓고 울었다고 했다. 하지만 엄마가 울부짖는 소리는 그런 백색소음으로는 가려지지 않을 만큼 크고 높았다.

언젠가 한번은 엄마가 화를 내다 분에 못 이겨 집을 뛰쳐나가는 일이 일어났다. 소리 지르며 울부짖던 엄마가 사라지자 사위가 순식간에 고요해졌다. 그러나 아빠는 엄마가 집을 나가든 말든 상관하지 않고 곧바로 '드르렁드르렁' 코를 골며 잠이 들었다.

나는 아빠의 코 고는 소리를 들으며 대문 밖에 쭈그리고 앉아 엄마가 집에 돌아오기만 하염없이 기다렸다. 두 시간이 지났을까, 세 시간이 지났을까? 한참을 기다리다 보니 계단 저 아래에서 올라오는 엄마의 모습이 보였다. 엄마는 내게 조금 전에 비해 훨씬 차분해진 목소리로 집에 들어가자고 말하고는, 내 방으로 함께 들어와 누웠다.

두 사람이 눕기에는 비좁은 방이었다. 나는 밤늦게까지 안 자고 밖에서 엄마를 기다려준 내게 "딸아, 고맙다"거나 "그래도 너뿐이야"라는 말이 듣고 싶었다. 하지만 엄마는 이불 위에 눕자마자 원망과 울분을 담은 하소연만 쏟아낼 뿐이었다.

"하염없이 도로를 걸었어. 차들이 쌩쌩 달리더구나. 저 차에 뛰어들면 이대로 죽을 수 있을 것 같다는 생각이 들었어."

엄마가 죽는다니? 숨 막히는 두려움에 휩싸였다. 그래도 다행히 엄마는 집으로 돌아와 내 옆에 있다!

"썸머, 너는 걱정이 안 돼. 너는 엄마가 없어도 잘 살 거야. 하지만 네 남동생은 엄마가 있어야 해. 네 동생 때문에 죽고 싶은 마음을 겨우 억누르고 돌아온 거야."

나는 내게도 엄마가 필요하다고 말하고 싶었지만, 꾹 참았다. 나까지 엄마를 힘들게 하면 정말 엄마를 잃게 될까 봐 두려웠다. 나는 그저 아무 말도 하지 못한 채 엄마의 기나긴 넋두리를 들어주다 나도 모르는 새 잠이 들었다.

그 이후로도 엄마는 내 앞에서 죽음이라는 표현을 자주 사용했다. 어느 날은 나와 동생을 앉혀놓고 자기는 이제 죽으러 간다며 소동을 벌이기도 했다. 죽지 말라고 울며불며 말리는 나와 동생에게

"내가 죽으면 너희는 젊은 새엄마 만나서 행복하게 살면 되는데 왜 울어?"라고 힐난했다. 그렇게 나와 동생을 경멸하다가, 죽으러 가겠다고 시위하다가…… 정말 죽으러 가지는 않고 나와 동생만 몇 시간 동안 괴롭혔다.

죽는다는 하소연 외에도 나를 괴롭힌 건 또 있다. 초등학교를 졸업할 때까지 엄마는 내게 수시로 이렇게 말했다.

"부모라고 해서 꼭 자식을 거두고 책임져야 할 의무는 없어. 부모도 얼마든지 자식을 버릴 수 있지. 그러니 내가 널 키워주는 걸 고맙게 생각해야 해!"

나는 초등학교 미술대회나 글짓기대회에 나가 종종 상을 받아왔는데, 그때마다 엄마는 눈에 띄게 기분이 좋아 보였다. 엄마가 날 포기할까 봐 두려웠던 나는 이렇게 상이라도 받아 와서 엄마에게 기쁨을 주고, 나를 키우는 보람을 만들어줘야겠다고 생각했다.

그러고 보면 나는 엄마에게 과도한 죄책감과 책임감을 느끼고 있었던 듯하다. 언제나 엄마가 시대의 희생자라고 생각했고, 엄마 말을 듣지 않는 건 엄마의 희생에 대한 크나큰 배신이라고 여겼다. 용돈이 없어 항상 친구들이 빵 사 먹는 걸 옆에서 구경만 해야 했어도, 색색 볼펜을 사지 못해 검은색 펜 하나 달랑 들고 학교에 가야 했어도 나는 그저 묵묵히 인내했다.

하지만 그와 동시에 내 마음 한편에는 엄마에 대한 참을 수 없는 분노와 울분이 가득 차 있었다. 분노는 내가 결혼을 하면서 더 심해졌다. 그래서 아이를 갖는 계획까지 미루고 2년 동안 끊임없이 트라우마를 다스리고 분노를 비워내는 작업을 해야만 했다. 심리상담을 받고, 책을 읽고, 운동을 하며 부정적인 생각을 털어냈다. 하지만 퍼내고 또 퍼내도 나의 내면에는 엄마에 대한 죄책감과 책임감이 어지럽게 뒤엉켜 있었다. 도저히 풀리지 않는 매듭을 마주한 기분이었다.

그러다 우연히 인터넷에서 자기애성 인격장애(나르시시스트) 부모에 관한 내용을 발견했다. 나르시시스트가 뭐지? 순수하게 지적인 호기심에서 구글과 유튜브로 관련 자료를 찾아보기 시작했다. 그리고 그 결과는 내게 큰 충격을 주었다. 나르시시스트 부모가 자녀들에게 하는 말은 누가 우리 엄마 말을 녹음했다가 영어로 번역했나 싶을 정도로 똑같았다.

수많은 심리상담사와 심리학자들의 연구에 따르면 우리 엄마는 나르시시스트의 전형이었고, 엄마와 나의 관계 또한 매우 전형적인 나르시시스트 엄마와 딸의 모습이었다. '그래, 이거였어!' 30년간 답을 찾아 헤맨 평생의 의문이 드디어 풀린 것이다.

엄마의 저주

나르시시스트 부모 밑에서 성장한다는 건 보통 사람들은 상상도 할 수 없을 만큼 끔찍한 일이다. 나르시시스트는 자기 자신이 완벽하다고 믿는 인격장애다. 타인에 대한 공감 능력이나 이타심이 부족하고, 상대가 자신의 자녀라 할지라도 내가 원하는 것을 포기할 수 없다. 스스로가 완벽하며 아무 문제가 없다고 믿기 때문에, 본인이 자녀를 학대한다는 사실조차 인지하지 못한다.

나르시시스트 엄마는 딸에게 비판적이며 무시하거나 거리를 둔다. 하지만 아이에게 엄마란 매우 절대적인 존재다. 아이가 태어나서 처음 맺는, 그리고 가장 친밀해야 할 관계의 대상이 바로 엄마이지 않은가!

딸이 아무리 노력해도 나르시시스트 엄마와의 관계는 결코 회복되지 않는다. 그리고 딸은 모든 문제의 원인이 자신에게 있다고 생각하게 된다. 엄마의 신랄한 비난, 제어되지 않는 감정, 싸늘한 눈초리의 원인은 결국 하나로 귀결된다. '내가 나쁜 아이니까' 혹은 '나는 사랑받을 수 없는 아이니까'.

이해받지 못하는 딸

우리 사회는 어머니의 사랑에 대해 의문을 제기하지 않는다. 노래 〈어머니의 마음〉은 '낳으실 제 괴로움 다 잊으시고 기를 제 밤낮으로 애쓰는 마음/ 진자리 마른자리 갈아 뉘시며 손발이 다 닳도록 고생하시네/ 하늘 아래 그 무엇이 넓다 하오리/ 어머님의 희생은 가이없어라'라며 어머니의 희생과 정성, 사랑을 노래한다. 모든 생명에게 어머니란 아낌없는 사랑을 주는 존재다.

그래서 보통의 엄마 밑에서 자란 사람들은 나르시시스트 엄마를 둔 딸의 마음을 결코 이해할 수 없다. 만약 딸이 "엄마는 나를 진정으로 사랑하지 않아"라고 말하면, 모든 사람이 엄마를 두둔할 것이다. 엄마에게 받은 상처를 친척이나 친구들에게 털어놓으면 "모든 부모가 실수를 하는 거야"라고 말할 것이다. 종교단체 지도자를 찾아가면 "용서해야 회복할 수 있어요"라는 말을 들으리라.

비슷한 경험을 한 사람을 주변에서 찾기란 쉽지 않다. 그 때문에 딸은 '내가 너무 예민하고, 감사할 줄 모르는 배은망덕한 사람인가?' 생각하며 흔들린다. 어쨌든 엄마가 나를 낳아주고 길러준 건 사실이고, 그래서 감히 엄마를 학대자라고 부를 수 없다.

마음 한구석이 언제나 2% 부족한 딸

나르시시스트 엄마의 딸은 스스로에게 어떤 문제가 있다고 생각한다. 자존감이 매우 낮고, 자기 확신이 매우 부족하다. 객관적으로 사회에서 성공을 했든 실패를 했든 상관없이 불안하고 항상 부족하다는 기분이 든다. 끊임없이 자기계발서를 읽고, 심리상담을 받고, 동기부여 강연을 듣고, 매일 아침 긍정확언을 하고, 매일 밤 감사 일기를 써도 왠지 모르는 결핍이 채워지지 않는다.

나 역시 아무리 노력해도 내가 괜찮은 사람, 좋은 사람, 사랑받을 수 있는 사람이라는 확신이 들지 않았다. 자신에게 너무나도 신랄하고 엄격한 잣대를 들이댔다. 언제나 나의 부족한 면만 보였고, 나보다 조금이라도 나은 사람을 보면 그 사람을 따라잡겠다며 뱁새가 황새를 쫓듯 가랑이가 찢어지는 줄도 모르고 뛰었다. 살을 더 빼고, 영어를 더 잘하고, 더 좋은 대학에 들어가고, 더 좋은 직업을 가지고, 더 성숙한 인격과 신앙을 가져야만 괜찮은 사람이 될 것 같았다.

'왜 엄마와 대화를 하다 보면 항상 기분이 나쁠까?' '나는 왜 계속 이상한 사람들만 만날까?' '나는 왜 이렇게 성격이 모나고 수더분하지 못할까?'

딸이 자신의 내면을 아무리 성찰해봤자 문제는 영원히 해결될 수 없다. 문제의 원인은 딸이 아니라 엄마에게 있기 때문이다.

우리 엄마는 학대자였을까?

자기애성 인격장애(NPD, Narcissistic Personality Disorder)는 자신에 대한 애정이 과도한 인격장애다. 이 책에서는 나르시시스트(Narcissist)라고 줄여서 부르겠다. 자기애성 인격장애는 DSM-5의 진단 기준에 따라 전문의에 의해 정식으로 진단받을 수 있으며, 책 뒤쪽 부록에서 기준을 확인할 수 있다. 한 연구에 따르면, 전체 인구의 6% 이상이 여기에 해당된다고 한다.*

나와 여러분은 전문의가 아니므로 우리의 엄마를 진단할 수 없다. 하지만 우리가 경험했던 엄마를 객관적으로 바라볼 수 있는 체크리스트만으로도 문제 확인은 가능하다. 다음 문항을 읽고 '예'라는 대답이 몇 개나 되는지 세어보자. 이 결과는 당신이 엄마에게 충분한 사랑을 받았는지 혹은 그러지 못했는지 말해줄 것이다.

☐ 나는 엄마의 딸이 아니라 배우자 혹은 부모 같다는 기분이 든다.

☐ 엄마와 거리를 두려고 할 때마다 죄책감이 느껴진다.

☐ 사랑은 거저 받는 것이 아니며,

　사랑을 받을 만한 사람이 되기 위해 노력해야 한다고 믿는다.

☐ 엄마는 늘 내게 빚쟁이처럼 요구한다.

☐ 무언가를 결정하기 위해서는 끊임없이 엄마 또는 다른 사람에게 승

낙/확인을 받아야 한다.

☐ 내가 엄마 같은 나쁜 엄마가 될까 봐 혹은

  나처럼 엉망인 자녀를 낳을까 봐 두렵다.

☐ 내가 원하는 것이나 감정을 솔직하게 표현하는 게 어렵다.

☐ 나중에 엄마에게 꼬투리가 잡히거나 공격을 당할까 봐

  일부러 숨기는 일이 있다.

☐ 하루라도 빨리 집을 떠나 독립하고 싶다.

☐ 내가 원하고 필요한 것보다

  엄마가 원하고 필요한 것을 우선으로 여긴다.

위의 항목에 나온 감정이나 생각은 모두 엄마에게 받은 상처에서 비롯된 것들이다. 사이다힐링 구독 회원들의 경우, 대부분 만점에 가까운 점수가 나왔다. 그러나 높은 점수가 나왔다고 해서 절망할 필요는 없다. 이제부터 이 책을 통해 우리의 주 양육자였던 엄마가 어떤 사람이었는지 이해하고, 우리가 겪은 과거 경험을 되돌아보고, 진짜 우리 모습을 찾아나갈 테니까 말이다.

엄마를 모시고 전문가를 찾아가고 싶어요

의사가 "어머님은 이러이러한 문제를 가지고 계십니다. 따님이 겪는 문제는 어머님이 일반 사람들과 다른 방식으로 사고하기 때문에 옵니다. 치료받아야 할 사람은 어머님이지, 따님은 아무 문제가 없습니다"라고 명료하게 말해준다면 우리 마음이 얼마나 가벼워질까!

하지만 나르시시스트 엄마를 둔 우리는 알고 있다. 엄마는 절대 병원이나 상담센터에 갈 사람이 아니라는 걸. 나르시시스트는 자신이 완벽하다고 믿는 인격장애이기 때문에 스스로 문제가 있다고 느껴 전문의를 찾아갈 리가 없다! 여러분이 병원이나 심리상담센터를 방문하자고 제안하면 "우리 집에서 치료를 받아야 할 사람은 너니까 너나 가서 실컷 상담받아라"라는 대꾸가 돌아올 것이다.

엄마를 바꾸지 말고, 나를 보호하자

엄마에게 전문의를 찾아가 상담해보자고 설득할 필요는 없다. 우리가 지금 해야 할 일은 엄마의 병명을 찾아 진단하는 게 아니다. 물론 학대자들은 전문가를 찾아가 진단을 받고 도움을 받고 변화할 필요가 있다. 하지만 문제는 이들이 결코 자신의 문제를 인정하지 않을뿐더러 다른 사람의 도움을 받으려 하지도 않는다는 사실이다. 학대자들이 자신의 문제를 외면한 대가는 피해자들에게 고스란히 돌아간다.

엄마가 아니라 나를 도와줄 수 있는 의사나 심리상담사를 만나 과거의 상처를 돌봐주자. 엄마가 나를 어떻게 조종하고 통제했는지 공부하자. 이제부터 더는 엄마가 나를 휘두르지 못하게 나 자신을 보호하자. 학대자의 부정적인 메시지가 내 삶에 어떤 영향을 주었는지 살펴보자. 그리고 내가 왜 학대자를 떠나지 못하고 주위를 맴돌고 있는지 돌아보자.

엄마를 바꾸고 설득하겠다는 에너지를 이제부터 나를 돌보고 보살펴주는 데 사용하자. 당신은 이미 많은 에너지를 쏟았고 충분히 노력했다. 이제는 진짜 나의 가치를 찾고, 내가 얼마나 대단하고 소중하고 사랑받을 만한 사람인지 알아보자. 엄마가 주입해준 가치관을 따르는 대신 나만의 세상을 보는 힘을 길러보자. 당신만의 새로운 인생을 살아보자! 이것이 일반인이자 피해자인 우리가 할 수 있는 전부이며, 이것만으로도 충분하다.

이상한 사람은 엄마였어

자기애를 뜻하는 나르시시즘(Narcissism)은 그리스로마신화에 등장하는 나르키소스(Narcissus)라는 인물에서 유래했다. 잘생긴 청년 나르키소스는 샘물에 비친 자신의 아름다운 모습을 보고 사랑에 빠진다. 나르시시즘은 이처럼 지나치게 자기 자신에게 애착을 가진다는 의미로 사용된다.

하지만 나르시시스트가 단순히 자신을 너무나도 사랑하는 허영심 많은 미성숙한 존재라고 오해해서는 안 된다. 나르시시스트는 겉으로 봤을 때 매우 자신감 넘치며 매력적인 존재다. 반면, 그들의 내면은 자기혐오, 불안, 자신에 대한 의구심으로 가득 차 있다. 그리고 이를 외면하기 위해 끊임없이 외부의 인정이나 찬사, 관심을 추구한다.

나르시시스트 엄마는 자신이 중요하고 완벽한 존재라고 여긴다.

딸의 안정감이나 행복이 아니라 엄마 자신의 욕구, 자존감, 자아, 위안이 가장 우선이다. 나르시시스트 엄마의 딸은 사랑을 받기는커녕 자존감과 내면의 가치도 제대로 형성하지 못한다.

우리 엄마는 나르시시즘 스펙트럼 어디쯤에 있을까?

건강한 자기애	자기중심적	나르시시스트	악성 나르시시스트

나르시시즘 스펙트럼

우리는 모두 자기애라는 스펙트럼 선상에 있다. 사실 모든 사람은 자기 자신을 가장 소중하게 여기며, 부정적인 것은 남에게 전가하고 싶어 한다. 다만 여기에 정도의 차이가 있다. 이 스펙트럼의 오른쪽에 가까운 사람일수록 주변 사람들에게 상처를 주기 쉽다. 또한 나르시시스트는 자기반성 능력이 없기 때문에, 시간이 지날수록 점점 더 스펙트럼상의 오른쪽으로 이동하는 경향이 있다.

건강한 자기애

건강한 자기애를 가진 사람들은 자신을 사랑하고 멋지다고 말할 수 있으며 다른 사람을 존중할 수 있다.

자기중심적인 사람

인격장애까지는 아니지만 매우 자기중심적인 생각과 판단을 한다. 타인
에게 해를 가하지 않지만, 자신밖에 모르는 어린아이처럼 미성숙하다.
타인의 관심을 받고 싶어 하고, 허영심이 있다.

나르시시스트

전문의에게 자기애성 인격장애 진단을 받을 수 있는 수준이다. 공감 능력
이 결여되어 있으며 아주 조건적인 사랑만 가능하다. 자신이 남보다 뛰어
나고 특별대우를 받아야 한다고 생각한다. 자신의 감정을 현실로 인지하
며, 모든 것을 흑백논리로 구분한다. 매우 극적이고, 감정적으로 행동한다.

악성 나르시시스트

조건적인 사랑조차 불가능한 나르시시스트는 악성 나르시시스트*로 불
린다. 나르시시즘에 반사회성 인격장애, 편집성 인격장애, 가학적 성격장
애가 더해진 가상의 신드롬이다. 악성 나르시시스트는 사이코패스와 차
이점을 찾기 어려울 만큼 타인에게 큰 고통과 당혹감을 준다. 타인에게
상처를 주면서 자신의 영향력을 확인하기 때문에 다른 사람을 괴롭히는
것을 즐거워한다.

나르시시스트라는 진단은 오직 전문의에게서만 받을 수 있다. 나르시시스트의 특징 몇 가지를 가지고 있다고 해서 주변 인물을 나르시시스트라고 단정할 수는 없다. 그러나 어떤 이들은 인격장애 진단을 받지는 못해도, 그 경계에 있어서 주변 사람에게 상처를 줄 수 있다. 이 책에서는 딸에게 파괴적인 행동을 하는 엄마를 나르시시스트 엄마라고 부르겠다.

우리 엄마는 나르시시스트가 아니라 다른 인격장애 같아요

꼭 자기애성 인격장애를 앓는 사람만 이기적이고, 자기중심적이며, 끊임없이 받기를 바라고, 스스로를 추켜세우는 건 아니다. 자기애성 인격장애 말고도, 경계선 인격장애, 반사회성 인격장애(소시오패스)의 진단 기준에 부합하는 사람들과 알코올/마약중독자 역시 병적인 자기애(Pathological Narcissism)를 가지고 있다.

이들은 서로 다른 인격장애나 문제를 가졌지만, 나르시시스트의 핵심적인 성격, 생각, 사람을 대하는 방식을 공유한다. 아주 착취적인 인간관계를 맺는 까닭에, 자신이 받은 것에서 극히 일부만 상대에게 돌려준다. 자신에게 보상이 따를 때만 혹은 행동을 통해 스스로 가치 있다고 느껴지거나, 중요한 사람이라고 여겨지거나, 감사를 받는다고 판단될 때만 다른 사람에게 공감하고 반응한다.

병적인 자기애를 가진 사람들은 내면 깊숙이 수치심과 외로움, 공허함 같은 부정적 감정을 가지고 있으며, 남에게 비난을 전가한다. 치료를 받는다 하더라도 효과를 기대하기 어렵다. 단, 알코올이나 마약중독자의 경우, 중독된 약물을 끊는다면, 원래의 성격이 드러날 수 있다.

엄마가 아니라 제가 나르시시스트 같아요

사이다힐링 유튜브 구독자들이 가장 많이 남기는 댓글이 바로 '제가 인격장애 같아요'다. 자기애성 인격장애의 특징을 보면 모두 나의 이야기 같다. 하지만 여러분에게 들려줄 좋은 소식이 있다. 만약 여러분이 스스로 어떤 문제가 있는 것 같아 걱정이 되거나 내가 인격장애를 가지고 있는 게 아닐까 남몰래 고민해왔다면, 여러분은 자기애성 인격장애가 있는 사람이 아니라는 사실이다. 나르시시스트는 스스로를 나쁘게 생각할 수 없고, 자신의 완벽함을 의심할 수 없기 때문이다. 다만, 대개의 딸이 자신을 나르시시스트 같다고 느끼는 데는 두 가지 이유가 있다.

첫 번째, 나르시시스트의 뒤집어씌우기 전략 때문이다. 나르시시스트는 자신의 잘못이나 책임을 남에게 전가한다. 예를 들어, 나르시시스트 엄마는 극도로 이기적이며 타인에게 인색하고 자신밖에 모르는데도 이를 딸에게 덮어씌우곤 한다. "너는 왜 이렇게 이기적이냐?" "너는 너밖에 모르지?" "인색해 빠져서는." 이런 말이 반복되면 딸은 자신이 이기적이며 인색한 사람이라고 믿게 된다. 그리고 나르시시스트의 성격이 자신을 설명한다고 믿는다.

두 번째, 겉으로는 학대자들이 피해자로, 피해자들이 학대자로 보여서다. 애꿎은 피해자는 엄마가 하는 독설이나 폭력적인 행동을 그대로 학교나 또래 관계에 가져가서 되풀이한다. 피해자는 부모나 배우자로부터 인정과 관심, 애정과 공감을 받아본 적이 없다. 깎아내리기, 비난, 가스라이팅(3장 참고)을 오랫동안 당하며 자존감이 매우 낮아진 상태다. 끊임없이 과거의 아픔이나 트라우마가 떠올라 고통받고, 그 감정을 해소할 길이 없어 분노를 조절하지 못하게 된다.

나 또한 마찬가지였다. 초등학교 저학년 때까지 나는 담임선생님에게 미움을 받았다. 언제나 혼이 났지만 내가 왜 혼나는지 이해가 가지 않았다. 왜 다 같이 놀고 떠들었는데 항상 나만 지적받고 미운 털이 박힌 채 학교에 다녀야 하는지 몰랐다. 초등학교 2학년 여름방학식 때 받아온 통지표에는 '친구들과 충돌이 많다'고 적혀 있었다. 나는 의문이 들었다. 한 번도 친구들과 싸운 적이 없었으니까.

어린 나는 그저 평소대로 행동했을 뿐이다. 문제는 내가 생각한

'평소'라는 기준이었다. 내가 알고 있는 행동의 기준은 엄마였다. 그러니까 '화가 났다'는 건 발을 동동 구르며 소리를 지르고, 손찌검하는 시늉을 하거나, 30분이고 1시간이고 분이 풀릴 때까지 성을 내는 거였다. '기분이 보통'이라는 건 톡 쏘는 말투와 경멸 어린 눈빛으로 무장한 공격적인 태도를 보일 때였다. 나는 친구들에게 절대 화를 내지 않고 '보통'의 행동을 했다. 하지만 그런 내 행동이 선생님 눈에는 드세고 건방지고 시끄럽고 싸우기나 좋아하는 모습으로 비친 것이다.

영원히 만족할 수 없는 엄마

여러분의 엄마가 나르시시스트였다는 사실을 깨달으면 '아하!' 하고 속이 후련해질 것이다. 평생 짊어져왔던 문제의 근본 원인이 드디어 밝혀진다. 그래 이거였어! 모든 문제는 바로 엄마가 인격장애가 있어서야. 나와 생각하는 방식이 달라서 생긴 갈등이었어! 내가 부족하거나 이기적이어서 생긴 문제가 아니야!

하지만 이런 깨달음은 치유 여정의 시작일 뿐이다. 우리는 나르시시스트 엄마가 어떻게 딸들을 혼란스럽게 만들어 진실을 감추고 상처를 주었는지 알아보아야 한다. 그러려면 먼저 나르시시스트 엄마가 딸을 어떻게 대하는지 살펴볼 필요가 있다.

딸은 엄마를 빛나게 해주는 트로피

나르시시스트는 다른 사람들에게 내가 얼마나 성공한 사람인지, 내가 얼마나 똑똑한지, 내가 얼마나 인기가 많고 유머러스한지 알려주고 싶어 한다. 이런 욕구 탓에 자녀는 엄마의 완벽함과 우월감을 증명할 수 있는 도구나 액세서리가 된다. 마치 상장이나 상패처럼.

만약 자녀가 실수하거나 잘못을 하면 엄마의 부족함을 드러내는 꼴이다. 그래서 나르시시스트 엄마는 자녀의 일거수일투족을 철저히 통제하려 든다. 이런 옷을 입어라, 이런 취미를 가져라, 이런 헤어스타일을 해라, 이런 직업을 가져라, 이런 남자를 만나라 등. 이건 관심과는 다르다. 오로지 다른 사람들이 자식을 통해 나를 어떻게 바라볼까 염려한 결과일 뿐, 자녀의 행복이나 정서적 만족은 고려 대상이 아니다. 나르시시스트 엄마는 겉으로 드러나는 자녀의 외적인 요소, 즉 스펙이나 타이틀에 과도하게 집착하기만 한다.

딸이 실패나 좌절을 겪으면 나르시시스트 엄마는 딸을 위로해주거나 응원해주지 않는다. 마음 아파할 딸을 걱정하는 대신 딸이 실패해서 본인이 망신을 당했다며 분노한다. 뒤이어 찾아오는 건 폭언과 원망이다.

만약 여러분이 대기업에서 단순 업무를 하는 계약직 포지션과 작은 기업이지만 중요 업무를 배워 경력을 쌓을 수 있는 포지션 두

곳에 동시 합격했다고 가정해보자. 그 상황에서 여러분이 미래와 근무 만족도를 생각해 작은 기업에 들어가기를 선택한다면 어떨까. 나르시시스트 엄마는 그 선택에 결사반대하며 무조건 대기업에 들어가라고 권할 것이다. "어차피 사람들에게는 S사 다닌다고 말하면 되잖아. 누가 정규직인지 계약직인지, 무슨 일을 하는지 궁금해한다고 그러니?"

딸은 엄마의 감정 쓰레기통

나르시시스트 엄마는 가면을 쓰고 산다. 집 밖에서는 친정을 살뜰하게 돌보는 장녀, 교회 살림을 척척 해내는 봉사자, 매력적이고 유능한 여성의 가면을 쓰고 있지만 아무도 볼 수 없는 집 안에서는 이들의 가면이 벗겨진다. 현관문이 닫히고 외부의 시선이 완전히 차단되었을 때, 이들은 돌변하여 모든 분노를 가족에게 쏟아낸다.

나르시시스트의 내면은 상처, 자기혐오, 분노, 스트레스로 가득 차 있다. 이들은 자기 안에 있는 부정적 감정을 다른 사람들에게 끊임없이 던져야 한다. 나르시시스트 엄마는 완벽한 존재이므로 부정적인 감정이나 여러 어려움이 자기 문제라고 생각할 수 없어서다. 나르시시스트 엄마에게 가장 만만한 '감정 쓰레기통'은 자신의 영향력에서 벗어날 수 없는 힘없는 자녀들이다.

나르시시스트 엄마가 딸에게 던지는 부정적인 메시지는 대개 본인의 것이다. 남편이 다른 여성과 바람을 피운 사실을 알게 된 나르시시스트 엄마는 청소년인 딸에게 "너는 옷 입는 게 꼭 남자 홀리고 다니는 여자처럼 천박해!"라며 분노와 비난을 쏟아낸다.

어떤 나르시시스트 엄마는 몸이 아플 때마다 딸을 원망하기도 한다. "내가 너를 낳다가 질염이 생겨서 지금까지 이 고생을 하는 거야!" "어려서 네가 하도 밤에 잠을 안 자서 업어주다가 내 허리가 다 망가졌어!"라는 식이다. 이런 말을 들은 딸은 끔찍한 죄책감에 시달리기 쉽다.

딸을 깎아내려야만 사는 엄마

나르시시스트 엄마는 자신이 다른 사람들보다 똑똑하고, 능력 있고, 유능한 사람이라고 믿는다. 내가 뛰어난 사람이 되는 방법에는 두 가지가 있다. 하나는 내가 다른 사람보다 얼마나 뛰어난지 자랑하는 것이고, 다른 하나는 다른 사람들이 얼마나 한심한지 깎아내리는 것이다.

주변 사람을 깎아내림으로써 자동으로 내가 높아질 수 있다면 이보다 쉬운 일은 없을 것이다. 그래서 나르시시스트 엄마는 끊임없이 딸을 비난하고 깎아내린다.

나르시시스트 엄마는 용기를 북돋아주는 말이나 애정 어린 말을 하는 데 인색하다. 이들의 에너지는 부정적인 데 더 집중되기 때문에 자녀들의 단점을 찾는 데 혈안이 되어 있다. 그래서 자녀가 실제로 저지른 실수에 비해 더 신랄한 비난을 하기 일쑤다. 때로는 진실을 이야기해주는 척, 객관적인 조언을 해주는 척하면서 끊임없이 깎아내린다.

물론 나르시시스트 엄마도 칭찬할 때가 있다. 하지만 그럴 땐 칭찬을 하면서 교묘하게 깎아내리는 방식을 사용한다. 예를 들어, 딸이 엄마를 위해 칼국수를 끓여주었다고 치자. 나르시시스트 엄마는 국수가 맛있다고 이야기하고는 그 뒤에 "하긴 이 멸치랑 다시마, 버섯, 대파, 당근 좀 봐. 이렇게 재료를 왕창 넣었는데 맛이 없으면 그게 이상한 노릇이지"라고 덧붙인다. 혹은 "김가루는 이렇게 만들었어야지" 하며 핀잔 거리를 찾아내거나, "네가 만든 음식을 먹으니 속이 더부룩하고 느끼하네"라며 다 먹어놓고 딴말하기도 한다.

모든 공은 엄마에게, 모든 잘못은 딸에게

나르시시스트 엄마는 인정을 받는 데 집착한다. 어떤 상황에서 자신이 얼마나 지혜 있게 잘 처신했는지, 가족을 위해 얼마나 큰 희생을 치렀는지 항상 강조한다. 이런 이야기를 평생 들어온 딸은 엄마는 똑똑한 사람인데 우리 가족을 위해서 고생만 했다고 생각하게 된다. 그리고 자연스레 엄마의 희생에 대한 부채감을 떠안는다.

또한 나르시시스트 엄마는 딸의 성취를 자기 것으로 가로채곤 한다. 예를 들어, 딸이 가수 준비를 하다가 전향해 공무원 시험에 합격했다고 하자. 실제로 공무원 시험에 합격한 건 딸이 열심히 공부하고 노력해서다. 하지만 엄마는 "네가 가수 한다고 헛바람 들었을 때, 다 이 엄마가 널 잘 이끌어줘서 평생 직업을 가지게 된 거야"라고 말하면서 은근히 공을 가로챈다. 딸은 무언가를 스스로 성취했다는 자신감을 경험할 기회를 박탈당한다. 이와 반대로 모든 실수나 실패는 오직 딸의 문제가 된다. 비난의 메시지가 반복되면 딸은 '나는 역시 실패자야'라는 생각에 사로잡힌다.

이처럼 딸이 소기의 목적을 달성하든 실패하든, 자존감은 계속 낮아진다. 엄마와 달리 딸은 언제나 실패한 사람으로 남는다. 문제는 이런 부정적인 메시지가 딸의 내면에 평생에 걸쳐 차곡차곡 쌓이고 성인이 된 이후의 삶에도 지대한 영향을 끼친다는 것이다.

딸보다 더 관심받고 싶은 엄마

나르시시스트는 언제나 자신이 화제의 중심이 되어야 한다. 집에서는 폭군 같던 엄마도 집 밖에 나가면 매우 매력적이고 유쾌한 사람이라는 가면을 쓰고 연기를 한다. 만약 사람들이 자녀에게 무언가 질문하면 본인이 나서서 대신 대답하는 식으로 자녀를 대화에서 배제한다. 왜 그럴까? 자녀가 아니라 바로 '내'가 집중을 받아야 해서다.

나르시시스트 엄마는 항상 딸이 자신보다 빛나는 상황을 예방한다. 옷차림이나 머리 모양에서도 그런 특징이 드러난다. 나는 어렸을 때 양 갈래로 머리를 땋고 아기자기한 리본을 달고 유치원에 오는 친구들이 늘 부러웠다. 대개 나는 앞머리도 없이 오래된 꽈배기 모양 끈으로 머리를 대충 질끈 동여맨 채 등원했기 때문이다. 그나마도 아침마다 내 머리를 묶어주는 게 귀찮다며 초등학교에 입학한 뒤부터는 6년 내내 귀밑 1센티미터 길이로 머리를 자르게 했다. 미용실에 다녀오고 나면 항상 몽실언니 같은 모습이 되어 며칠 동안 우울했다.

딸이 성장하고 나서도 예외는 아니다. 본인은 화려하게 꾸미고 치장하면서 딸에겐 수수하게 입으라고 강요한다. "너는 다리도 못생긴 게 꼭 치마를 입으려고 하더라" "얘, 너는 꼭 몸 파는 여자처럼 화장하는구나!" "어른들 계시는데 얌전하게 입어야지"라는 말이 되풀이된다. 대학에 입학해 한껏 예쁘게 꾸밀 생각에 들떴던 내게 엄마는 반년이 넘도록 이렇게 세뇌했다. "옷은 남방 하나, 청바지 하나면 충분해." "렌즈를 끼면 관리가 어려우니까 안경 써!"

딸에게 공감할 수 없는 엄마

때로 어린 자녀들이 우울해하거나 슬퍼하거나 두려워하는 건 당연하다. 부모는 이럴 때 자녀를 포근하게 안아주거나 용기를 북돋아 주어야 한다. 하지만 나르시시스트 엄마는 오로지 자기 관점에서만 사고하는 탓에 '딸은 문제야'라고 믿게 된다. 실제로 어떤 일이 있었고 왜 그런 감정을 느끼는지는 알아보려 하지 않고 무조건 화부터 낸다. "네가 또 문제를 만드는구나!"

여러분이 회사에서 부당한 요구를 받거나 인격 모독을 당한다고 해도 나르시시스트 엄마는 "나약해 빠졌다" "이 악물고 버텨라" "다 네가 처신을 잘못해서지"라고 이야기할 것이다. 부당하거나 억울한 일을 당해도 엄마가 자신의 감정을 공감해준 적이 없기에, 딸은 사회적으로 굉장히 움츠러들어 있는 상태다. 그래서 누군가 자신을 학대하거나 이용해도, 내 목소리를 강하게 내야 할 때도 번번이 침묵하고 참게 된다.

자연히 이런 딸은 학교나 사회에서 '호구'가 되어버린다. 아무리 부당한 일을 당해도 누군가에게 이야기해서 도움을 얻기보다 그저 참고 인내하기만 한다. 누구도 나에게 공감해주거나 도움을 주지 않는다는 사실을 아주 어려서부터 배웠기 때문이다. 할 수 있는 일이란 그저 참는 것뿐이니까.

어렸을 때는 무시하다가 크고 나면 집착하는 엄마

나르시시스트 엄마는 자녀들이 어렸을 때는 무시하기 일쑤다. 어린 자녀들은 끊임없이 다른 사람들의 정서적 지지와 관심, 돌봄이 필요하다. 그래서 나르시시스트에게 어린 자녀들이란 매우 귀찮은 존재다. 아예 없는 사람 취급을 당하거나, 경멸스러운 눈초리, 분노와 짜증, 신체적이거나 성적인 학대까지 받아내는 감정 쓰레기통 역할만 수행할 뿐이다. 하지만 자녀가 성인이 되어 자립 능력이 생기면 부모의 태도는 180도 달라진다. 함께 여행을 가자, 봄 재킷을 사달라, 영화를 보러 가자는 등 자신의 정서적 필요를 채워달라고 계속해서 요구한다.

보통의 건강한 부모는 다르다. 자녀가 어렸을 때는 충분한 교감을 하지만, 시간이 지나 아이가 성인이 되면 독립시킨다. 나르시시스트 엄마는 이와 반대다. 자녀가 경제력이 생기고 결혼을 하는 시기가 되면 이제까지의 태도를 바꾸어 나에게 관심을 달라고 요구한다.

자녀가 성장하면서 새로운 것을 경험하고, 행복을 찾고, 자신만의 삶을 찾아가는 것은 지극히 당연한 일이다. 그런데 나르시시스트 엄마는 이것이 마음에 들지 않는다. 자녀가 밖에 나가서 노는 걸 보고 싶지 않다. 딸이 연애라도 하면 엄마의 자리를 빼앗긴다고 느끼기 때문에 딸과 남자친구의 사이를 갈라놓으려고 최선을 다한다. 남자친구에게 딸의 흉을 보기도 하고, 딸에게 남자친구와 자신 중 하나를 선택하라며 강요하기도 한다.

자녀가 성장하면서 독립하는 것이 나르시시스트 엄마에게는 받아들이기 힘든 가슴 아픈 일이 되고 마는 것이다.

엄마의 사랑을 갈구하는 해바라기 딸

딸은 엄마와의 관계를 개선할 수 있다는 희망의 끈을 잘 놓지 못한다. 자신이 조금만 더 노력하면 엄마로부터 포근하고 따뜻한 사랑을 느끼고, 친구처럼 서로 의지하며 살 수 있을 거라 믿는다. 언젠가는 엄마에게 "미안하다" 또는 "고맙다"라는 말을 듣고 싶다. 이런 희망 속에서 딸은 끊임없이 엄마의 요구를 들어주며 사랑을 기다린다.

딸은 엄마를 기쁘게 해주기 위해 고군분투한다. 하지만 오늘은 딸의 행동에 기분이 좋아 흡족한 미소를 지었던 엄마가 내일 저녁이면 돌변한다. 엄마는 딸이 인색하고 배은망덕한 존재라며 깎아내릴 것이다. 딸은 결코 나르시시스트 엄마를 온전히 만족시킬 수 없다.

엄마의 부모가 된 딸

어린 자녀는 성인인 부모로부터 돌봄과 사랑을 받을 자격이 있다. 하지만 나르시시스트 엄마의 딸은 이와 반대로 어려서부터 엄마의 감정과 필요를 읽기 위해 안테나를 곤두세워야 한다. 마치 엄마의 남편이나 엄마가 된 양 끝없이 엄마를 돌봐주고 위로해주어야 한다.

딸은 놀라울 정도로 불안정한 엄마의 감정을 읽고 반응해준다. 엄마가 나를 필요로 해야 엄마로부터 사랑받을 수 있기 때문이다. 그러는 과정에서 딸 자신이 원하는 것은 사라지고 만다. 엄마의 요구를 대신 성취해주고 일방적으로 엄마를 배려해주려 노력하는 데만 급급해진다.

자신의 고통은 느낄 수 없는 딸

나르시시스트 부모의 자녀는 자신의 감정을 잘 표현하지 못한다. 그게 부모를 불안하게 만들까 봐 두려워서다. 나르시시스트 부모 또한 자녀가 감정을 표출하는 걸 허용하지 않는다. "별것도 아닌데 난리다" "네가 유난을 떤다"는 식으로 대응하며 자녀의 감정을 무시해 버린다.

나 역시 가족 안에서 최대한 나의 감정을 억누르고 감추며 살아왔다. 그게 내가 취할 수 있는 유일한 생존법이었다. 초등학교 1학년 즈음이었다. 30년 가까이 지난 지금도 생생한 어느 주말에 일어난 일이었다. 나는 가족과 함께 전세버스를 타고 지방에서 열린 친척 결혼식에 참석했다. 소란스러운 결혼식이 끝나고 우리 가족을 포함한 하객들은 모두 근처 친척 집으로 향했다. 집으로 되돌아가는 전세버스 출발 시각을 기다리느라 몇 시간 정도 대기할 장소가 필요해서였다. 그때 당황스러운 사건이 일어났다. 부모님과 동생이 나만 두고 어디론가 사라져버린 것이다!

함께 대기하고 있던 친척들은 아주 먼 사이여서 남이나 다름없었다. 친척들은 삼삼오오 각 방에 흩어져 대화를 나누거나 자신들의 자녀, 조카, 손자들과 놀아주었다. 동화책이라도 한 권 가지고 왔더라면 덜 민망했을 텐데……. 가지고 놀 장난감도 없고 의지할 사람도 한 명 없던 나는 그곳에서 두어 시간 내내 아무것도 하지 않고 가만히 있었다. 가끔 방 한쪽에서 자기 아이를 안고 동요를 부르며 함께 놀아주는 젊은 부부의 모습을 빤히 쳐다보기도 했다. 내게 함께 놀자고 말을 건네주면 좋겠다고 생각하면서.

지금 생각해보면 혼자 낯선 장소에 남겨졌다는 두려움에 울음을 터뜨렸을 법도 한데 나는 어떤 감정도 드러내지 않았다. 그 이후는 잘 기억이 나지 않는다. 나는 아마도 아무렇지 않은 표정을 하고,

뒤늦게 나타난 엄마 아빠와 함께 버스를 타고 집으로 돌아왔을 것이다. 울음을 터뜨리거나 불안해하는 기색을 비쳤다면 분명 엄마로부터 경멸 어린 핀잔만 들었을 테니까. 화가 나도, 슬퍼도, 불안해도 이런 감정이 엄마 앞에서 드러나지 않아야 했다. 나는 어떤 감정이든 최대한 느끼지 않으려 노력했고, 억누르고, 외면했다.

영혼의 샴쌍둥이, 나르시시스트 엄마와 딸

나르시시스트 엄마는 정서적으로 불안하고, 엄마로부터 사랑을 받지 못한 딸 역시 공허하고 불안하다. 하지만 이들은 영원불변한 관계를 맺고 서로에게 의존하고 싶어 한다. 나르시시스트 엄마는 자신을 돌봐주는 딸을 통해 확신과 안정감을 느끼길 원하고, 딸은 엄마의 승인과 허락을 갈구한다. 홀로 서지 못한 까닭에 둘은 의존적일 수밖에 없다.

마치 영혼이 연결된 샴쌍둥이와도 같다. 나르시시스트 엄마는 딸과 자신을 구분하지 못하고 딸을 자신의 분신처럼 생각한다. 딸이 조금이라도 프라이버시를 가지려고 하면 끊임없이 침범하며 훼방을 놓는다. 딸 이름으로 오는 우편물은 모두 뜯어봐야 직성이 풀리고, 딸이 쓴 메모나 일기장을 훔쳐보는 건 일상이다. 퇴근 후 누구를 만

나서 몇 시에 들어오는지, 왜 주말에 외출하는지 일거수일투족을 보고받아야 한다. 심지어 딸의 공인인증서를 받아 들고 딸이 벌어오는 월급을 직접 관리하기도 한다.

딸은 엄마의 해결사

엄마가 외로운가? 과거의 상처로 인해 아파하고 있는가? 엄마를 힘들게 하는 사람들이 있는가? 엄마가 아빠에게 충분한 사랑을 받지 못했는가? 엄마의 건강이 안 좋은가? 엄마가 우울증으로 힘들어하는가? 엄마에게 이루지 못한 꿈이 있는가?

나르시시스트 엄마의 딸은 자꾸만 과한 책임감을 느끼고 직접 엄마의 문제를 해결해주려고 한다. 사실 모든 건 엄마 본인의 문제다. 잘못된 죄책감이나 책임감을 가질 필요는 없다. 엄마의 문제를 해결해서 인정받으려 노력할 필요도 없다. 그 시간에 내 삶의 주체가 되어 내가 어떤 사람인지, 무엇을 좋아하고 무엇을 잘하는지 찾으려 노력해야 한다.

나는 무능력하다

나르시시스트 엄마는 자녀에게 과도한 책임감과 높은 인내심을 요구한다. 동생이 결혼하니까 네가 얼마를 보태라, 부모를 부양해라, 대출금을 얼마씩 갚아라, 내 주말을 책임져라 등 끊임없이 이어지는 엄마의 요구에 과도한 부담감을 느낀다면 아래의 문장을 되새기며 마인드 컨트롤해보길 바란다.

나는 무능력하다

나는 맞벌이로 자녀 셋을 키우기에도 벅차다. 아이들을 부양하기도 버겁다. 엄마가 원하는 해외여행을 보내주고, 새로 나온 고가 가전제품을 사주거나 새집을 사는 데 필요한 목돈을 보태줄 능력이 없는 사람이다.

나는 그릇이 작은 사람이다

나는 엄마를 품어주고 변화시킬 만한 인내심이 없다. 나는 포용력이 없는 사람이다.

나는 책임이 없다

엄마가 친구나 친척에게 외면을 당하더라도 그건 엄마의 책임이다. 나는 엄마의 말, 행동, 감정, 선택을 책임질 필요가 없다.

내가 없어도 엄마는 괜찮을 거야

애니메이션 〈토이 스토리〉에는 아이들의 행복을 바라며 살아가는 장난감들이 등장한다. 주인공 우디는 장난감의 본분에 맞게 1~3편에서는 앤디의 행복을, 4편에서는 새로운 주인 보니의 행복을 지켜주기 위해 고군분투한다. 아이의 선택을 받고 동심을 지켜주기 위한 장난감들의 노력은 눈물겨울 정도다.

안타깝게도 두 번째 주인 보니는 카우보이 인형인 우디에게 전혀 관심을 두지 않았다. 하지만 우디는 자신이 사랑받지 못해도 항상 보니를 돌보아주고 보니의 행복을 위해 최선을 다한다.

어느 날 우디는 사랑하는 여인 보핍을 9년 만에 만나지만, 보니를 돌보기 위해 보핍에게 다시 작별을 고하려 한다. 그때 절친 버즈가 우디에게 이렇게 말한다. "보니는 (네가 없어도) 괜찮을 거야." 용기를 얻은 우디는 보니를 떠나 보핍과 함께 살기로 결심한다. 주인 아이인 보니의 행복이 아니라 자기 자신의 사랑과 행복을 선택한 것이다.

여러분이 변하면 엄마는 "내가 너를 어떻게 키웠는데 넌 이렇게도 이기적이니"라고 말하며 죄책감을 덧씌우려 노력할 것이다. 그러나 한 가지 분명한 것은 딸 역시 엄마를 돌보아왔다는 사실이다. 여러분은 지금껏 엄마의 마음과 정서를 치유하려 노력하며 보살펴주었다. 이미 딸로서 해야 할 일을 차고 넘치게 했다. 사실 여러분이 태어나 엄마가 되는 기쁨을 안겨준 것만으로도 충분하다! 더군다나 여러분은 엄마로부터 충분한 정서적 지지와 사랑을 받지 못했는데도 훌륭한 사회 구성원으로 성장해주었다. 그런데도 아직까지 과도한 책임감과 죄책감을 짊어지고 있다면 나는 버즈가 해주었던 이 말을 들려주고 싶다.

"She will be Okay."
당신이 없어도 엄마는 괜찮을 거예요. 걱정하지 말고 당신의 행복을 찾아 떠나세요.

"To Infinity and Beyond!"
무한한 공간, 저 너머로! 이제 당신의 잠재력과 가능성을 마음껏 펼쳐보아요.

희망 고문을 끝내자

엄마의 문제가 무엇인지 알게 된 여러분은 엄마에게 달려가 "엄마가 나르시시스트래!"라고 말해주고 싶은 심정일 것이다. 그리고 다음과 같은 상황을 기대할 것이다.

첫째. 엄마에게 '나르시시스트'가 무엇인지 차근하게 설명해준다. 엄마의 생각이나 판단이 보통 사람들과 다르다는 걸 알려주고, 자녀를 어떻게 사랑해야 하는지 말해준다. 엄마는 최소한 자신의 관점이나 생각이 남과 다르다는 걸 깨닫게 된다.

땡. 여러분이 엄마에게 인격장애가 있는 것 같다고 말하면 십중팔구 이런 말을 들을 것이다. "인격장애? 그건 너한테 있는 것 같은 데? 그래, 넌 항상 다른 사람만 원망하잖아. 넌 항상 집안에 분란을 일으키지. 그래, 역시 너한테 문제가 있었던 거야." 나르시시스트는 자신의 문제를 늘 상대방에게 뒤집어씌운다. 모든 문제의 원인은 당연히 딸에게 있다고 믿는다.

둘째, '역시 엄마는 가해자였고 나를 학대하고 있었어!'라는 확신이 생기면 엄마에게 사과받고 싶어진다. 나를 아프게 했던 사건이나 엄마의 말이나 행동을 허심탄회하게 이야기하고 엄마에게 사과를 받으면 나를 짓누르던 마음의 짐이 가벼워질 것이다.

역시 땡. 여러분이 지나간 일을 하나하나 들추며 이야기하면 엄마는 "난 기억이 잘 안 난다. 너는 그런 사소한 것까지 다 기억하고 사니? 에휴, 얼마나 피곤하겠어"라고 발뺌하며 여러분을 예민하고 속 좁고 철없는 사람 취급할 것이다. 혹은 엎드려 절 받기 식으로 사과를 받을 수는 있다. "너 자신을 위해 부모를 용서해라"라는 말과 함께.

셋째, 엄마와 함께 심리상담사를 찾아가 전문가의 도움을 받아 대화해보면 좋을 것 같다. 전문가가 엄마에게 어떤 문제가 있는지 짚어주고 관계를 회복하는 데 도움을 줄 것이다.

이것도 땡. 여러분이 함께 상담하러 가자고 말하면 여러분 엄마는 당연히 거절할 것이다. 본인에게는 아무 문제가 없다고 생각하기 때문이다. 혹은 좋은 생각이라며 함께 나설 수도 있다. 여러분을 다시 고분고분한 예전의 착한 딸로 되돌리기 위해서 말이다. 엄마는 의사나 상담사 앞에서 천연덕스럽게 연기하며 우리 딸에게 문제가 있다고 뒤집어씌울 것이다.

결국 여러분이 어떤 노력을 하든 결과는 실망으로 돌아올 것이다. 유일한 소득이라면, 나는 정말 최선을 다했고 엄마는 결코 변할 수 없다는 걸 다시 한 번 확인하는 정도다.

엄마는 바뀌지 않는다

수많은 심리상담사가 나르시시스트는 결코 치료될 수 없다고 단언한다. 이게 바로 내가 책에서 '상처 주는 엄마'나 '나쁜 엄마'가 아니라 '인격장애를 앓는 학대자'라고 직접적으로 말하는 이유다.

사람이 변하기 위해서는 문제를 인식하고 자기반성을 해야 한다. 하지만 나르시시스트 엄마는 잘못을 모두 남의 탓으로 돌리는 방식으로 자신을 방어한다. 이들의 사고방식은 우리와는 전혀 다르다. 모든 잘못과 책임감, 죄책감을 딸에게 전가했기 때문에, 엄마는 아무 문제가 없고 고로 바뀔 이유가 전혀 없다.

나 역시 지금껏 엄마를 바꾸기 위해 많이 노력했다. 그때마다 내가 들었던 말은 별반 다르지 않았다. "너와 아빠와 동생 셋만 제대로 살면 내가 화를 낼 일이 없지. 다른 가족이 자꾸 문제를 일으키는데 왜 자꾸 나한테 문제가 있다는 거야?"

에너지 뱀파이어를 끊어내자

나르시시스트를 '에너지 뱀파이어'라고 부른다. 이들은 다른 사람의 감정이나 에너지를 먹고 사는 존재다. 여러분은 알게 모르게 나르시시스트 엄마에게 지금까지 많은 에너지를 공급해왔다. 이제부터 이 모든 상황을 멈춰보자. 여러분이 가지고 있는 모든 자원을 이제부터 자기 자신을 위해 사용해보자. 엄마와의 관계에 선을 긋고 더는 여러분의 감정을 낭비하지 않는 것만으로도 큰 도움이 될 것이다.

나는 남편의 유학 차 미국에 온 직후, 극심한 자살 충동에 시달렸다. 거대한 호수를 끼고 운전을 하다가 이대로 저 호수에 빠져 죽으면 좋겠다는 생각이 들었고, 침대에 멍하니 누워 천장을 보면 그곳에 매달려 있는 내가 보였다. 설상가상 화학적 유산으로 호르몬 변화가 생겨서 몸까지 힘들어졌다. 간단한 집안일이나 요리조차 버거

웠던 상황이기에 친정 가족들에게 에너지를 쏟을 여력이 없었다.

나는 초등학생 때부터 엄마와 아빠 사이를 중재해왔다. 엄마와 동생, 아빠와 동생 사이의 갈등도 언제나 내가 나서서 해결해주었다. 우리 가족만 변하면, 평범한 다른 가족처럼 된다면 내가 행복해질 수 있을 거라고 생각했기 때문이다. 잘못된 희망을 품었던 나는 끊임없이 가족들과 대화했고 이들의 필요를 채워주었다.

그런데 미국에 온 이후에는 그럴 수 없었다. 더 이상 엄마 아빠 사이의 갈등을 신경 쓰지 않았고, 일상적인 문자 메시지나 통화도 중단했다. 그런데 놀라웠다. 단지 가족들에게 에너지를 쏟는 걸 멈추었을 뿐인데 불과 2개월 만에 내 몸에 에너지가 다시 채워지기 시작했다. 그제야 비로소 나는 내가 우리 가족에게 얼마나 많은 에너지를 쏟아왔는지 깨달을 수 있었다.

엄마로부터 분리되기

이제부터 여러분은 자신이 가진 모든 자원을 자신을 돌아보고 치유하고 위로하는 데 사용해야 한다. 빠른 회복을 위해서는 우선 엄마로부터 최대한 정서적으로, 그리고 물리적으로 분리되어야 한다. 여러분의 친구가 남편에게 학대를 당했다고 치자. 그래도 그 친구에게 남편이니까 참고 살라고 말할 수 있는가?

혹시 여러분 가운데 누군가는 "그래, 넌 이제 엄마와 연락할 필요가 없어. 네가 돌봐드릴 필요가 없어"라고 허락해주길 바랄 수도 있다. 하지만 더 이상 여러분 인생에 누군가의 허락은 필요 없다. 스스로 결정하면 된다. 스스로 원하는 수준의 관계를 유지해라(5장 참고). 이건 엄연한 당신의 권리다. 엄마를 포함한 다른 누구의 의견도 중요하지 않다.

이제 더는 "바빠서 메시지를 이제 봤어요"라고 변명할 필요가 없다. 여러분의 일과나 퇴근 후의 사생활도 일일이 보고할 필요가 없다. 엄마로부터 정서적으로 분리되고, 더 이상 엄마에게 휘둘리지 말자. 엄마를 설득하려 들거나 변화시키려고 노력하지 말자.

이제부터는 엄마의 감정이 아니라 나 자신의 감정을 돌보아야 한다. 엄마의 아픔과 상처가 아니라 나의 아픔과 상처를 돌보고 치유해야 한다. 그럼 이제 본격적인 치유의 여정을 떠나보자.

잡았다, 요놈! 자존감 도둑 잡기

셀머의 힐링 과제

1

여러분의 엄마는 여러분이 어떤 사람이라고 말하는가? 아마도 여러분은 엄마의 주장을 진실이라고 받아들였을 것이다. 하지만 이제부터 스스로 진실을 말해주자. 잘못을 하나씩 고쳐나가다 보면 의식부터 무의식에 이르기까지 여러분의 내면은 아주 강해질 것이다.

먼저, 엄마에게 들었던 거짓말을 적어보자. 여러분에게 정말 쓰라린 상처가 되었을 비난의 말들이다. 그리고 그 말을 반박하는 진실을 적어보자. 진실을 증명할 수 있는 증거가 있다면 함께 적자.

사이다힐링 구독 회원들이 자기 자신에게서 찾았던 진실을 몇 가지 남겨본다.

• 나는 잘 웃으며 천성이 긍정적이고 밝은 사람이다.

- 나는 어려운 환경과 상황 속에서도 주저앉지 않고 달려온 참 강한 사람이다.
- 나는 학대 속에서도 나의 행복을 위해 애써온 내가 자랑스럽다.
- 나는 온 마음을 다해 가정을 지키기 위해 노력한 내가 기특하다.
- 내겐 엉망이었던 수많은 순간이 있지만, 그렇게라도 잘 이겨온 나 자신을 칭찬한다.
- 나는 괜찮은 성인으로 잘 성장했다.
- 나는 지혜롭게 삶을 헤쳐나가는 능력이 있다.

이제 내가 어떤 사람인지 새롭게 정의해보자. 내가 나에 관해 새롭게 찾은 진실을 다이어리나 핸드폰 배경화면, 벽 등에 써놓고 수시로 읽어보자.

[예시]	메시지
1. 엄마의 거짓말	너는 나약해 빠졌다.
2. 진실	나는 매우 강인한 사람이다.
3. 진실의 근거	엄마로부터 정서적인 학대를 받으면서도 무사히 학업을 마치고 어엿한 성인으로 성장했다. 내가 나약한 사람이라면 이미 삐뚤어졌을 것이다.

메시지 1

1. 엄마의 거짓말

---

2. 진실

---

3. 진실의 근거

메시지 2

1. 엄마의 거짓말

---

2. 진실

---

3. 진실의 근거

메시지 3

1. 엄마의 거짓말

----

2. 진실

----

3. 진실의 근거

2장

황폐해진 우리 가족

침묵해야 사는 자녀들

안데르센의 동화《벌거벗은 임금님》은 재봉사 두 사람이 착한 사람에게만 보이는 신기한 옷감으로 옷을 지어주겠다며 임금님을 찾아오는 것으로 시작된다. 그런데 임금님의 명으로 옷이 얼마나 만들어졌는지 확인하러 간 신하들은 옷감이 눈에 안 보여 곤란에 처한다. 사실대로 옷감이 안 보인다고 하면 자신이 '나쁜 사람'이 되는 상황이었다. 신하들은 임금님에게 "세상에서 처음 보는 아름다운 옷감이었습니다"라는 거짓말을 하고 만다.

거짓말은 이어졌다. 재봉사들이 만든 옷을 본 임금님과 신하들은 옷이 눈에 보이는 시늉을 하며 거짓말을 할 수밖에 없었다. 급기야 임금님은 이 신기한 옷을 자랑하기 위해 거리 행차를 나갔다. 길거리에 있던 구경꾼들도 옷을 볼 수 없었지만, 모두 옷이 안 보인다고 말할 수는 없었다. '나쁜 사람'이 되지 않으려 침묵할 뿐이었다.

나르시시스트 부모를 둔 가정도 이런 모습이다. 가족 구성원들이 모두 '부모가 자녀를 학대하고 있다'는 진실을 말할 수 없는 것이다. 구성원들은 가족을 지키기 위해 입을 다물고, 진실을 회피하고, 자기 자신을 감춘다. 건강한 의사소통이나 대화는 없다. 가족들은 저마다 살길을 모색하며 각개전투를 벌인다.

부모 중 한 명 이상이 병적인 자기애(Pathological Narcissism)를 가지고 있어, 자녀의 필요나 욕구를 제대로 채워주지 못하는 가정을 역기능 가족이라고 부른다.

역기능 가족에서 자녀들의 역할 모습은 대체로 다섯 가지로 구분할 수 있다. 나름대로 살아남기 위해 본인의 기질이나 성격과 비슷한 역할을 취하는 것인데, 물론 그렇다고 해서 타고난 성향을 온전히 드러내며 사는 건 아니다. 그저 자신이 맡은 역할에 억지로 자기 자신을 구겨 넣고 살아간다고 표현하는 게 더 적절하다.

이번 장에서는 그 다섯 가지 역할*을 소개해보겠다. 내가 가정 안에서 어떤 역할을 했으며, 본래의 나는 어떤 사람인지 생각해보자.

역할 1: 돌보는 자(Caretaker)

이들은 자기희생을 통해 가족의 역기능을 고치려 한다. 나보다는 다른 사람들을 돌본다. 가족에 대해 과도한 책임감을 느끼고 있으며, 자기 자신을 돌보지 못한다는 문제점이 있다. 다른 사람과의 대립이나 갈등을 피하는 성향이어서 문제가 있는 부모에게 대들거나 싸움을 걸지 않는다. 유일하게 희생양을 비난하지 않으며, 혹 비난하더라도 학대 정도가 가장 덜하다. 모든 사람을 기쁘게 해주려고 노력하지만 아무도 기쁘게 해주지 못한다.

자기 자신을 돌보지 못하기 때문에 건강 문제가 대두될 수 있다. 이들이 겪는 또 다른 문제는 바로 잘못된 관계가 계속 반복된다는 것이다. 또래 관계나 연인 관계에서 학대자를 만날 경우 위험을 피하기보다는 내가 나서서 이들을 도와주어야겠다고 생각한다. 학대자가 어린 시절의 아픔 탓에 잘못된 행동을 하는 거라고 믿고, "이제부터 변할게" "앞으로 잘할게"라는 거짓 약속에 잘 속아 넘어간다.

돌보는 자 역할을 맡은 사람들은 종종 무력감을 호소한다. 자신이 가진 에너지 100 가운데 90을 가족을 위해서 사용해온 까닭이다. 하지만 좀 더 애를 써서 99의 에너지를 쓴다고 해도 가족은 결코 바뀔 수 없다. 에너지의 방향을 바꿔야 한다. 자기 자신에게 온전히 100을 쓴다면 아마 1,000 혹은 10,000만큼의 변화가 있을 것이다.

역할 2: 마스코트(Mascot)

마스코트는 가족들을 즐겁게 해주는 분위기 메이커 역할을 한다. 역기능 가족 안에서 긴장을 완화하고 마음의 짐을 가볍게 해주며, 가족들이 당면한 문제를 회피할 수 있도록 도와준다. 우리가 흔히 막내들이 한다고 여기는 역할이다.

마스코트는 농담을 잘하고 유머 감각이 매우 뛰어나다. 다른 사람들을 잘 웃기는데, 여기에는 두 가지 이유가 있다. 첫째는 가족들의 시선이 문제를 직시하지 못하도록 하기 위해서고, 둘째는 그 시선이 자신을 향하도록 만들기 위해서다. 마스코트는 희생양이나 학대 대상이 되지 않는다.

마스코트는 겉으로 봐서는 활동적이고 외향적인 성인으로 성장하지만 마음 한편에는 슬픔을 감추고 있다. 우울감과 같은 자신의 문제는 웃음 뒤에 숨긴다. 고통을 직면하는 대신 회피해왔기 때문에 진정한 감정을 다루는 능력이 없다. 진지한 면을 찾아보기 힘들고 언제나 미성숙한 사람으로 남을 가능성이 있다.

마스코트로 성장한 딸이라면 이제부터 자신이 느끼는 감정을 솔직하게 인정해보자. '나는 화가 났어' '나는 두려워' '나는 무서워' '나는 괴로워' 등 구체적으로 나의 감정에 이름을 붙여보자.

역할 3: 영웅(Hero)

주로 첫째가 이 역할을 맡는다. 나르시시스트 부모의 트로피이자 전리품이다. 나르시시스트 부모는 영웅에 대한 환상을 가지고 있고, 이 때문에 영웅은 조건적인 사랑을 받는다. 부모의 믿음과 지원을 받은 영웅은 월등한 성취를 이룬다. 매사에 뛰어난 영웅 덕분에 나르시시스트 부모는 자신이 좋은 부모이고 우리 가정은 역기능 가족이 아니라고 굳게 믿게 된다.

영웅은 완벽한 사람으로 커왔기 때문에 실패에 대한 두려움이 크다. 그래서 곧잘 워커홀릭이 되고 번아웃 증후군을 겪곤 한다. 영웅은 역기능 가족을 부끄러워하고 가족에 대한 분노를 내면에 품고 있어서 다른 사람들과 친해지기 어렵다. 또 모든 것을 강하게 통제하려 든다.

분노와 통제 욕구는 영웅을 정서적인 학대자로 만들 가능성이 있다. 그래서 결혼을 하면 배우자와 자녀를 학대하며 자신이 받았던 학대를 대물림하기도 한다. 그러나 스스로 완벽한 존재라고 믿기 때문에 자신이 학대자라는 사실을 인정하지 못한다.

영웅에게는 외부적 요인이 아니라 자신의 내적인 동기로 무언가를 성취하는 경험이 필요하다. 더불어 완벽해지지 않는 법을 배워야 한다. 평범한 '나'를 인정해보자. 마음껏 놀면서 일탈도 해보자. 클럽도 가보고, 배낭 하나 들쳐 메고 홀쩍 여행도 떠나보자.

역할 4: 희생양(Scapegoat)

희생양은 가족이라는 이름 안에서 일어나는 모든 부정적인 것을 감당한다. 이 때문에 역기능 가족 가운데 가장 심각하고 치명적인 상처를 입는다. 부모는 자신이 가지고 있는 역기능을 직면할 필요 없다. 희생양에게 "이 모든 게 다 네 탓이야!" 하고 뒤집어씌우면 되니까 말이다.

희생양은 내가 매우 심한 상처를 받았고, 우리 가족에게 문제가 있다는 진실을 아는 유일한 사람이다. 앞서 예로 들었던 《벌거벗은 임금님》 이야기에서 사람들은 모두 침묵하거나 옷이 멋지다고 칭찬하며 임금님이 벌거벗은 채 거리를 활보하고 있다는 진실을 숨긴다. 그런데 여기서 큰 소리로 "하하, 임금님이 벌거벗었어!"라고 외치는 아이가 등장한다. 희생양은 동화 속 아이처럼 모두가 침묵하고 있는 가족 내의 불편한 긴장과 역기능을 끄집어내고 공론화하는 인물이다.

부모는 감추고 싶은 진실을 자꾸만 말하는 희생양을 싫어할 수밖에 없다. 더군다나 역기능 가족은 자신의 감정을 자유롭게 표현하는 걸 허용하지 않는다. 이 때문에 예민하고 감정적인 희생양은 부모에게 가장 미움을 받는다. 가족 모두 희생양을 공격하며, 희생양이 갈등을 조장한다고 여긴다.

희생양으로 자라난 사람은 자신감이나 자존감이 매우 낮으며 성인이 되어서 외상후 스트레스성 장애, 우울증, 경계선 인격장애와 같은 여러 정서적, 정신적 문제를 겪을 수 있다. 부모로부터 정서적, 경제적 지원을 받지 못하기 때문에 제대로 사회생활을 해나가기 어렵다. 계속해서 학대자들과 관계를 이어가는 와중에 지속적인 괴롭힘에 노출되기도 한다.

역할 5: 잃어버린 아이(Lost Child)

형제가 3명 이상, 즉 가족 구성원이 많은 경우 생기는 유형이다. 이들은 부모에게 학대를 당하지도 않지만, 그렇다고 관심을 받지도 않는다. 희생양을 학대하는 데 동조하지도 않는다.

잃어버린 아이는 가족이 안고 있는 문제를 바로 보지 않고, 될수록 부모 눈에 띄지 않으려 노력한다. 주로 혼자서 공상에 빠지거나 TV 시청을 한다든지 동물이나 사물에 관심을 드러낸다. 혼자 자신만의 세계에 빠짐으로써 현실에서 벗어나는 것이다. 잃어버린 아이는 내가 느끼는 감정을 부정하고, 기분이 나빠지지 않기 위해 노력한다.

성인이 되면 간혹 관심을 받고 싶어 하는 갈망이 커지는 경우가 있지만 대부분 매우 소극적이어서 앞으로 나서지는 못한다. 무엇보다 다른 사람과 친밀한 관계를 맺는 데 두려움을 가지고 있기 때문이기도 하다. 나를 보호하기 위해서 다른 사람과 깊은 관계를 맺지 않아야 한다고 배워서 사회성이 극도로 낮다.

이를 극복하길 원한다면 전문 심리상담사에게 감정을 솔직히 털어놓고 관계 맺기 연습을 하는 게 좋다. 안전한 공간에서 먼저 상담사와 유대관계를 쌓아보는 것이다. 그렇게 해서 조금씩 관계를 확장해나갈 수도 있다.

때리는 엄마보다 더 얄미운 언니

전래동화 《콩쥐팥쥐》에는 엄마의 편애를 받는 팥쥐와 미움을 받는 콩쥐 자매가 등장한다. 같은 집에서 같은 부모와 함께 사는 자매지만 이 둘은 전혀 다른 삶을 산다. 팥쥐는 엄마 손을 잡고 원님의 잔치에 가지만, 콩쥐는 집에 남아 베를 짜고 물을 길어야 하는 신세다. 계모의 차별도 서러운데, 팥쥐는 옆에서 고자질을 하거나 괴롭힘에 직접 가담한다. 콩쥐는 부모의 보호를 받기는커녕, 부모와 형제에게 자유를 빼앗기고 고단한 삶을 산다.

희생양 역할을 맡은 딸은 가족 내에서 마치 자신이 동화 속 콩쥐나 신데렐라가 된 듯한 서러움을 느낀다. 콩쥐나 신데렐라는 엄마가 계모여서 그랬다고 이해라도 해줄 수 있지만, 친모에게 차별과 구박을 받아야 하는 딸은 도저히 엄마의 행동을 이해할 수 없다.

나르시시스트 엄마는 자신의 자녀들을 콩쥐팥쥐처럼 구분해서 차별한다는 특징이 있다. 마치 의붓자식과 친자식을 차별하는 못된 계모처럼. 여기서는 왜 나르시시스트 엄마가 자녀를 차별할 수밖에 없는지 살펴보자.

완벽한 나에게 자꾸 문제가 생긴다?

나르시시스트 부모의 자녀 유형은 크게 영웅과 희생양으로 나누어 볼 수 있다. 영웅과 희생양은 한집안에서 자라지만 전혀 다른 양육 환경에 노출된다. 똑같은 잘못을 저질러도 돌아오는 처벌이나 훈육은 전혀 다르다. 대개 영웅이 잘못해도 항상 희생양이 비난을 받는 식이다. 심지어 입는 옷이나 먹는 음식이 다른 경우도 있다.

나르시시스트는 자녀를 자신의 분신이라고 생각한다. 따라서 자녀도 자신처럼 완벽하며 아무런 문제가 없는 존재라고 믿는다. 특히 영웅은 나르시시스트가 자신의 우월감을 타인에게 증명해줄 수 있는 근거다. 하지만 살다 보면 이런저런 크고 작은 문제가 생기기 마련이다. 완벽해야 할 나르시시스트와 영웅의 삶도 예외가 아니다. 그럴 때 나르시시스트 엄마에게는 자신과 영웅에게 일어나는 온갖 문제와 부정적인 감정을 짊어질 존재가 필요해지는데, 이런 자녀가 바로 희생양이 된다.

내가 희생양이 된 이유

영웅과 희생양의 역할은 자녀들이 아주 어렸을 때 이미 오롯이 엄마가 자기 자신을 위해 정해놓은 구분이다. 자녀들의 의지나 노력으로는 이 구도를 바꿀 수 없다. 나르시시스트 엄마는 어린아이들의 기질을 보고 자신에게 위협이 되거나 도전할 것 같은 아이를 희생양으로 정해서 미리 짓밟아놓는데, 이때 대략적인 기준이 있다.

첫째, 형제 관계가 남매일 때 주로 아들이 영웅이 되고 딸이 희생양이 된다.
둘째, 동성인 딸은 남편의 관심을 놓고 싸우는 경쟁 상대로 생각한다. 또한 영웅인 아들이 결혼하면 며느리가 질투와 공격 대상이 된다.
셋째, 형제 관계가 자매일 때 주로 첫째가 영웅, 둘째가 희생양이 된다.
넷째, 형제 중에서 주로 약한 쪽이 영웅이 되고, 공감 능력이 뛰어나고 똑똑한 아이가 희생양이 된다.

희생양은 역기능 가정의 자녀 가운데 가장 치명적인 상처를 받는 존재다. 이들은 나르시시스트 엄마의 열등감, 불안, 자기혐오를 오롯이 받아낸다. 엄마만 희생양을 괴롭히는 게 아니다. 다른 가족도 희생양에게 원망과 비난을 쏟아내며 분풀이를 한다. 흔히 말하는 '감정 쓰레기통'이 되는 것이다.

희생양은 자기 권한 밖의 문제와 관련해서도 비난을 받는다. 그래서 모든 문제에 책임감을 느끼고 가족을 돌보는 것이 나의 역할이라고 생각한다. 하지만 거꾸로 다른 가족이 희생양의 감정을 돌봐주는 법은 없다.

희생양은 비정상적인 가족 안에서 가장 객관적으로 가족을 바라볼 수 있는 존재다. 정의가 무엇인지, 진실이 무엇인지 알고 있으며 유일하게 독립적이다. 나르시시스트 부모는 이 똑똑하고 야무진 아이가 나중에 자라서 자신에게 도전하리라는 걸 알고 있다. 그래서 어릴 때부터 죄책감을 심어놓고 아이의 가치를 깎아내리는 데 열심이다. 자존감이 낮아야 쉽게 조종할 수 있기 때문이다.

서로 고립된 자녀

나르시시스트 엄마가 자녀에게 쏟을 수 있는 관심과 사랑, 시간, 노력은 매우 제한적이다. 그래서 자녀가 둘 이상이면 가정 안에서 서로 경쟁하게 된다. 물론, 건강한 가정에서도 자녀들이 서로 시샘하거나 경쟁하지만 부모의 충분한 양육이 뒷받침되기 때문에 서로 존중하고 친밀하게 지내는 방법도 배우게 된다. 하지만 나르시시스트 엄마는 형제들을 끊임없이 비교한다. 경쟁 상대가 된 형제들은 관계가 멀어지고 서로를 싫어한다.

나르시시스트 엄마가 주는 사랑은 매우 조건적인 사랑이다. 자녀들이 자신이 원하는 걸 해주었을 때만 기뻐하며 사랑을 준다. 그나마 이 사랑은 오래가지도 못한다. 거품처럼 금방 사라져버리기 때문에 금세 또 다른 뭔가를 해주어야 한다. 이처럼 자녀들은 실재하지 않는 환상 속 엄마의 사랑을 갈구하면서 형제간의 우애와 사랑을 외면한다.

나르시시스트 엄마가 가장 싫어하는 건 삼자대면이다. 셋이 모여 허심탄회하게 대화하고 서로 오해를 푸는 순간 진실이 드러나기 때문이다. 그래서 나르시시스트 엄마를 둔 가족 구성원들은 서로 고립되어 있다. 웬만해선 가족이 한자리에 모여 대화할 기회가 없다.

엄마는 우주의 중심, 태양

천장의 형광등이 나갔을 때 나르시시스트 엄마는 어떻게 할까? 1번, 내 손목과 허리가 얼마나 아픈지 구구절절 이야기해서 죄책감을 느낀 자식들이 대신 끼우게 만든다. 2번, 전등을 제때 갈지 않은 아빠를 비난하며 이기적인 사람으로 몰아세워 끼우게 만든다.

물론 1번과 2번 모두 충분히 가능한 방법이지만 여기 또 다른 방법이 있다. 바로 전등을 머리 위로 들고 가만히 서 있는 것이다. 세상은 나르시시스트 엄마를 중심으로 돌아가므로 엄마가 가만히 들고 서 있기만 해도 전구가 끼워질 테니까!

나르시시스트 엄마는 정말로 자신이 아주 특별한 존재라 믿고, 매우 자기중심적으로 사고한다. 가족의 중심도 자기 자신이다. 가족 전체는 태양계와 같으며, 나르시시스트 엄마는 그 중심에 있는 태양이다. 배우자와 자녀는 자신의 필요를 채우는 도구에 불과하다.

엄마는 가족의 태양

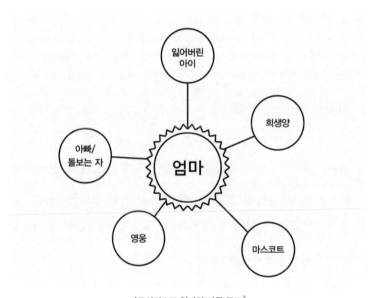

나르시시스트 엄마와 가족 구조[*]

앞의 그림처럼 나르시시스트 엄마의 가족은 태양계 같은 구조다. 태양이 바로 엄마다. 가족의 중심에는 엄마가 있고, 아빠와 자녀들은 엄마 주변을 맴도는 행성이다.

건강한 가정에서는 엄마와 아빠가 자녀를 돌보고 필요를 채워준다. 하지만 이 가족 구조에서는 그와 반대다. 아빠와 자녀들이 엄마를 돌보아주며, 자녀의 필요는 채워지지 않는다.

건강한 가족 안에서는 자녀들 간에 유대관계가 있지만, 나르시시스트 엄마를 둔 가족들은 제각각 떨어져 있다. 엄마의 제한된 사랑을 두고 싸워야 하는 경쟁 상대이므로 소통하기 어렵다. 오히려 갈등 관계에 놓이는 경우가 많다.

엄마만 돌보는 가족들

엄마는 자기 자신에게 집중한다. 항상 불안하고, 쉽게 분노하며, 감정 기복이 심하다. 엄마의 성미를 건드리는 건 잠자는 사자의 코털을 건드리는 일과 같다. 엄마가 한번 화를 내면 집안이 풍비박산 나는 탓에 자녀들은 최대한 얌전하게 지낸다.

어쩌다 자녀들이 자신에게 꼭 필요한 것을 엄마에게 요구하면, 엄마는 이를 매우 '불쾌하게' 받아들인다. 자녀의 요구는 대개 어리광이나 사치와는 거리가 멀다. 몸이 아파 돌봄이 필요하거나 학교에 다니는 데 꼭 필요한 준비물을 사는 수준이다. 하지만 이런 기본적인 요구도 엄마에겐 매우 불쾌하게 느껴진다. 그래서 차마 입에 담지 못할 협박을 하며 자신의 부정적인 감정을 아이에게 다 쏟아낸다.

감정 표출이 과한 엄마 밑에서 자란 자녀들은 만약 자신의 진짜 감정을 드러내면 엄마에게 버림받을 수 있다고 생각하게 된다. 그래서 자주 괜찮은 척 연기를 한다.

자녀들을 뒤에서 조종하는 엄마

나르시시스트 엄마의 영웅은 엄마의 애정과 지지를 갈구하며 엄마에게 아부하거나 희생양을 괴롭히는 데 동조한다. 이처럼 나르시시스트 엄마 편에 서서 희생양을 괴롭히는 가족 구성원을 플라잉 몽키(날개 달린 원숭이)라고 부른다. 플라잉 몽키는 소설《오즈의 마법사》에 등장하는 캐릭터다. 소설에서 서쪽 마녀는 도로시가 신은 동쪽 마녀의 구두를 빼앗기 위해 부하들을 보낸다. 서쪽 마녀의 명령을 수행하는 부하들이 바로 플라잉 몽키들이다. 플라잉 몽키의 특징은 다음과 같다.

첫째, 나르시시스트 부모의 명령을 수행하며 희생양을 괴롭힌다.
둘째, 희생양을 제외한 자녀나 부모 중 한 명이 이 임무를 수행한다.
셋째, 나르시시스트 부모는 플라잉 몽키를 만듦으로써 본인의 명예와 이미지를 훼손하지 않으면서도 자녀들을 대립시킬 수 있다.

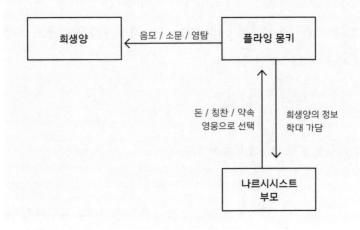

나르시시스트 부모와 공격 구조

플라잉 몽키는 영웅이 맡을 수도 있고, 상황에 따라 아버지나 친척들이 맡기도 한다. 이들은 희생양에게 접근해 동향을 파악하고 엄마에게 보고한다. 나르시시스트 엄마는 플라잉 몽키에게 금전적인 지원과 미래에 대한 약속 등으로 보상해준다.

영웅은 이런 과정에서 거짓말을 하고 타인을 조종하는 법을 배운다. 영웅이 성장한 뒤 엄마와 똑같은 학대자가 되어 자신의 배우자와 자녀들을 학대하는 건 어찌 보면 당연한 결과일지 모른다.

자신을 평화주의자라고 믿는 플라잉 몽키

하지만 플라잉 몽키는 스스로 양측 의견을 중재하는 평화주의자라고 믿는다. 희생양이 한 잘못을 바로잡으며 가족의 화합을 도모한다고 생각하는 탓이다. 플라잉 몽키는 자신이 옳은 일을 하고 있다고 믿지만 나르시시스트의 생각을 전달하는 확성기 역할을 하면서 희생양을 괴롭히는 데 일조할 뿐이다.

어쨌든 플라잉 몽키도 사실은 나르시시스트의 또 다른 피해자다. 나르시시스트 엄마가 가지고 있는 내면의 분노, 긴장감, 공격성을 그대로 복제하기 때문이다. 나르시시스트 부모는 거짓말로 플라잉 몽키를 훈련한다. 따라서 절대로 플라잉 몽키가 하는 말을 모두 그대로 믿어서는 안 된다. 적어도 무엇이 진실인지 걸러내려 노력해야 한다.

희생양의 독립을 방해하는 플라잉 몽키

희생양이 가족을 떠났을 때, 가장 먼저 희생양을 찾아오는 사람은 플라잉 몽키다. 플라잉 몽키는 가족을 떠나 상처를 치유하고 있는 희생양을 찾아와 가족의 '화해'와 '화합'을 들먹이며 희생양을 다시 불러들이는 역할을 한다.

플라잉 몽키의 행동을 뒤에서 조종하는 사람은 물론 나르시시스트 부모다. 엄마로부터 상처를 받은 딸이 독립해 상처를 치유할라치면 어김없이 플라잉 몽키를 보낸다. 종종 먹을거리를 보내면서 회유하고, 가족의 화합을 위해 노력하자는 문자 메시지도 자꾸 보낸다.

플라잉 몽키를 만나 대화하고 근황을 전하는 건 부적절하다. 플라잉 몽키가 희생양에게서 캐낸 정보는 곧바로 나르시시스트 부모에게 보고되기 때문이다. 이렇게 전달된 정보는 왜곡되고 과장되어 다시 한 번 희생양의 명예를 훼손하는 수단이 되기 쉽다.

못 본 척 외면하는 아빠

우리 가족 가운데 주인공이자 태양이자 리더가 엄마라면 아빠는 어떤 역할을 할까? 태양 주변을 빙빙 도는 행성, 주인공의 쇼를 화려하게 꾸며주는 조연, 메인보컬 뒤에 서 있는 백댄서가 바로 아빠의 역할이다.

엄마와 결혼한 아빠는 어떤 사람일까?

나르시시스트와 결혼한 아빠들은 나르시시스트가 겪는 문제가 어린 시절의 트라우마에서 비롯되었다고 생각하고, 그 상처를 치유해주려고 노력한다. 일반적으로 어린 시절 상처를 많이 받은 사람이 배우자의 노력에 감화해 상처를 치유하고 회복할 가능성은 높다. 하지만 그 대상이 나르시시스트라면 배우자가 이해하고 포용하고 귀기울일수록 더욱 학대가 심해진다는 차이가 있다.

아빠는 나르시시스트 엄마를 바꾸기 위해서 매우 열심히 노력한다. 대개 주로 어렸을 때 부모에게 무시당한 경험이 있어서, 자신을 학대하는 사람과 거리를 두고 내 영역을 지키는 데 어려움을 느낀다. 늘 어떻게 하면 엄마를 도와줄 수 있을지만 고민하고, 가끔은 엄마와 자신을 구분하지 못해 같은 인물이라고 착각할 수도 있다. 나르시시스트 엄마와의 관계를 통해 세상을 인식하므로 올바른 인지와 사고능력도 점점 상실해간다. 또한 자기애와 자존감이 낮아 자신을 챙기지 못한다. 반면, 타인에 대해서는 매우 과한 공감 능력을 갖추고 있다. 나르시시스트 엄마는 바로 이런 점을 보고 아빠를 목표물로 삼아 결혼한 것이다.

아빠는 결코 엄마에게서 벗어나지 못한다. 나르시시스트 엄마의 학대가 이어지면서 아빠는 자기 자신에게 큰 수치심과 죄책감을 느낀다. 언제나 엄마에게 무능하고, 이기적이며, 무책임하고, 나쁜 사람이라고 비난받기 때문이다. 오랫동안 비난을 당한 아빠는 모든 문제가 나의 잘못에서 비롯되었다고 착각한다.

이런 상황은 배우자의 원가정과도 얽힌다. 배우자가 나르시시스트라는 의미는 배우자의 부모가 나르시시스트일 가능성이 높다는 뜻이다. 건강하지 못한 사람들과 계속해서 얽히면 지칠 수밖에 없다.

아빠는 동조자일까? 피해자일까?

나르시시스트 엄마와 결혼한 아빠가 가족 내에서 보이는 역할은 크게 두 가지다. 바로 '돌보는 자'와 '희생양'이다.

첫째, 돌보는 자가 된 아빠는 엄마의 학대를 사실상 묵인한다. 나르시시스트는 앞서 말했듯이 공감 능력이 뛰어나고 따뜻한 사람, 내가 마음대로 휘두를 수 있는 사람, 인내심이 큰 사람, 나를 떠받들어주고 나의 행동을 용납해줄 수 있는 사람을 찾아서 결혼한다.

당연히 아빠는 엄마를 만족시키기 위해 끊임없이 노력하며, 자녀들이 태어나도 엄마의 학대를 묵인하기 쉽다. 왜 그럴까? 아빠는 이미 엄마와 수십 년간 함께 살면서 나의 아내는 이런 사람이라는 걸 알고 있는 상태다. 그러므로 아빠에게 가정을 평화롭게 유지하는 법이란 매사에 엄마가 화가 나지 않도록 조심하는 길뿐이다.

간혹 매우 드물게 엄마와 자녀 사이의 관계를 해결하기 위해 노력하는 경우도 있다. 하지만 노력에도 불구하고 결과는 악화할 뿐이다. 아빠가 아이를 두둔하면 엄마의 분노는 더 커진다. 애초 10만큼 혼날 것을 1,000 정도로 혼쭐이 나는 격이다.

둘째, 희생양 역할을 하는 아빠는 엄마에게 자주 공격당한다. 아빠가 자녀들을 두둔하고 엄마의 잘못된 행동을 지적하는 경우, 엄마는 아빠를 공격해 소외시키는 전략을 사용한다. 자녀들은 주로 엄마와 함께하는 시간이 많다. 엄마가 아빠 흉을 끊임없이 보면 아빠는 자녀들로부터 금세 고립된다.

엄마는 아빠가 얼마나 무책임하고, 무능력하고, 이기적인지를 자녀들에게 세뇌한다. 아빠의 원가족, 즉 시댁 식구들에 대해서도 무차별 험담이 끝없이 이어진다. 결국 퇴근하고 집에 들어와도 가족이 반기기는커녕 휴일에 집에서 쉴라치면 눈치를 받기 일쑤다. 가족 안에서 아빠가 설 자리는 점점 좁아진다. 더불어 자녀들이 아빠와 유대관계를 가질 기회도 사라진다.

위의 두 가지 가운데 어느 쪽이든, 아빠가 가족 내에서 영향력을 행사하기란 매우 어렵다.

딸과 아빠 사이를 갈라놓는 엄마

나르시시스트 엄마는 남편의 관심과 사랑을 두고 딸과 경쟁한다. 동성인 딸이 남편에게 예쁨받는 걸 질투하고, 딸에게 아빠에 대한 험담을 늘어놓으며 심리적으로 거리감을 두게 만든다. 또는 모든 문제의 원인이 아빠라고 가르치며 아빠를 원망하게 만든다.

딸은 성인이 되어 객관적으로 원가정을 돌아볼 수 있을 때, 비로소 모든 책임이 아빠에게 있는 건 아니었음을 깨닫는다. 엄마가 했던 이야기 가운데 거짓이 있다는 걸 알아차리게 되는 것이다. 하지만 그때는 이미 아빠와 딸 사이에 심리적 장벽이 생긴 뒤다. 또 그게 아니더라도 엄마의 학대를 무력하게 방치한 데 대한 실망과 원망의 감정이 들어차 있어서 쉽게 관계를 회복하기란 어렵다.

아빠에게 분노해도 좋다

우리는 결혼 생활이나 가족관계가 파탄 날까 봐 두려워 딸을 희생양으로 삼고 침묵하는 부모에 대해 분노해야 한다. 만약 엄마가 여러분을 학대하고 있다는 사실을 아빠가 알고 있었다는 생각이 들거나, 아빠에게 직접적으로 말한 적이 있었는가? 그랬어도 십중팔구 아빠는 여러분을 보호해주지 못했을 것이다. 혹은 당신의 말을 믿어주지 않고 오히려 비난했을 수도 있다.

성급히 아빠를 이해해주려 애쓰거나 아빠의 행동을 합리화할 필요는 없다. 다만, 여러분이 아버지와 친밀한 관계를 만들 수 있는 기회를 상실했다는 데 대해 충분히 슬퍼하자. 그리고 사회적 체면을 지키기 위해, 혹은 가족을 유지하기 위해 엄마의 학대를 방관했던 아빠에 대해 충분히 분노하자. 부모로서 아빠는 당연히 여러분을 보호해주고, 안심시켜주고, 지지해주고, 스스로 가치 있는 사람이라고 여길 수 있게 도왔어야 한다.

어떤 딸은 아빠에 대해 지나친 책임감을 느낄 수도 있다. 실제로 아빠 역시 나르시시스트 엄마에게 상처를 받은 피해자이기 때문이다. 하지만 성인인 아빠가 자신의 문제를 해결하려고 노력하지 않은 건 여러분 책임이 아니다. 아빠가 가지고 있는 불행이나 문제 역시 여러분 책임이 아니다.

예쁨받다 미움받을 수도 있나요?

가족들이 맡은 역할은 철저하게 나르시시스트 엄마를 위해 존재한다. 만약 당신이 희생양이라면 가족 내에서 괴롭힘을 당하는 원인을 자신에게 찾아서는 안 된다. 당신에게 문제가 있어서가 아니다. 그저 나르시시스트 엄마에게는 분풀이를 할 수 있는 '동네북'이 필요했고 당신을 희생양으로 찍은 것뿐이다.

가족의 역할은 특정 사건을 계기로 변화할 수 있다. 하지만 이는 자녀의 의지나 노력에 따른 게 아니다. 희생양인 자녀가 열심히 노력해서 엄마에게 예쁨을 받는다는 식으로는 바뀌지 않는다. 대개 자녀들이 성인이 되어 독립하거나 결혼을 하는 등 가족 구조가 변할 때 역할이 바뀔 수 있다.

누군가는 반드시 희생양이 된다

가족 구성원의 역할이 변하는 가장 대표적인 계기는 바로 희생양이 사라지는 것이다. 예를 들어, 희생양 역할을 하던 아버지가 돌아가시거나, 희생양 아들이 유학을 떠났다든지, 희생양 딸이 결혼을 하는 상황이다. 이런 경우, 남은 가족 구성원 중 한 명이 희생양 역할을 떠맡게 된다.

사실 희생양에게는 가정에서 발생하는 모든 문제에 대한 책임이 없었다. 그래서 희생양이 사라진 뒤에도 계속해서 문제가 발생할 수밖에 없다. 책임을 회피하고 싶은 나르시시스트 부모는 한시바삐 새로운 희생양을 찾아야 한다. 역기능 가족에겐 언제나 희생양이 필요하다. 본인의 분노, 화, 열등감, 문제를 누군가에게 던져버려야 한다. 자녀들의 역할 수행이나 역할 변화는 바로 희생양을 새로 만드는 일과 관련이 있다.

성인이 된 영웅은 희생양이 된다

나르시시스트 엄마는 영웅에게 실현 불가능한 목표를 기대한다. 당연한 이야기지만 대부분의 평범한 영웅은 부모의 기대를 온전히 채워줄 수 없다. 자녀가 대학 입시를 치르고 취업 전쟁을 치르는 과정에서, 나르시시스트 부모는 완벽하다고 믿었던 영웅이 결코 완벽하지 않다는 사실을 깨닫게 된다.

나르시시스트 엄마는 영웅이 명문 대학에 입학하지 못했다는 사실을 쉽사리 받아들이지 못한다. 자신의 바람대로 사법고시에 합격해 변호사가 되지 못했다면 실패자라 부를 것이다. 혹은 자녀에게 반드시 공무원이 되어야 한다고 밀어붙여 목표를 달성한 뒤, 기껏 공부시켰더니 말단 공무원밖에 못 되어 너무 부끄럽다며 화를 낼 것이다.

결국 부모의 기대를 충족하지 못한 영웅은 희생양으로 역할이 바뀐다. 한때 영웅이었던 딸이 실제로 많은 것을 이루었는데도 항상 스스로 자신이 형편없다고 느끼는 이유다.

영웅이자 희생양

유튜브에서 역기능 가족 안의 다섯 가지 역할을 설명했을 때 구독자들에게 가장 많이 들은 질문이 있다. 바로 자신이 그중 두세 가지 역할을 수행한 것 같아 의아하다는 이야기였다. 이 질문에 답하자면 이렇다. 한 사람이 여러 역할을 동시에 맡을 수 있다! 만약 당신이 외동이라면 당신은 다섯 가지 역할을 모두 수행했을 것이다.

자녀가 한 명인 경우, 완벽한 존재인 '영웅'과 모든 문제의 원흉인 '희생양'이라는 극단적인 역할을 한 명이 모두 소화해야 한다. 자녀가 두 명일 경우, 영웅이 성인기에 접어들면서 희생양으로 바뀔 수 있다. 이때도 희생양 역할로 완전히 바뀌거나 혹은 영웅과 희생양을 동시에 맡기도 한다.

영웅과 희생양은 극과 극이지만 이 역할이 동시에 요구될 수도 있다. 영웅으로서 당신은 부모의 관심과 집중을 한 몸에 받고 완벽한 사람이 될 것을 요구받는다. 하지만 이와 함께 가족 내에서 일어나는 모든 문제에 대한 죄책감을 짊어져야 한다. 서로 다른 극단적인 요구만큼이나 끔찍한 상황이다.

이 두 가지 역할을 모두 수행했던 한 구독자는 내게 이렇게 고백했다.

"엄마는 저를 극도로 치켜세우기도 했고, 극도로 폭언을 하기도 했어요. 엄청나게 혼란스러웠죠. 엄마는 늘 저를 이중인격자라고 비난했는데, 그럴 때면 제 내면에 극한의 선과 악이 공존한다고 느껴져서 무서웠어요."

나 역시 마찬가지였다. 대입을 치렀을 때, 나는 원하는 대학에 입학하지 못했고, 실망한 엄마는 며칠을 앓아누웠다. 내가 결혼해서 아이를 낳을 때까지 엄마는 내가 자신을 얼마나 실망시켰는지 반복적으로 상기시켰다. 그러면서도 대학에서 전액 장학금을 받고, 졸업과 동시에 임용고시에 합격하기를 강요했다. 나는 언제나 혼란스러웠다. 끝없는 자기혐오가 밀려와 미쳐버릴 것만 같았다.

이처럼 영웅과 희생양 역할을 모두 경험한 자녀들은 심각한 정서적 문제를 가지게 된다. 대표적인 것으로 경계선 인격장애를 들수 있다. 경계선 인격장애는 정체성 혼란, 수동적이거나 자기 파괴적인 행동(중독 등), 자살 충동, 자해, 자기혐오, 연인에 대한 과도한 집착, 완벽주의적 성향, 예민함 같은 증상을 드러낸다.

외상 후 스트레스성 장애를 앓기도 한다. 일반적으로 우리의 기억이나 감정은 시간이 지날수록 무뎌진다. 하지만 외상 후 스트레스성 장애가 있으면 상처가 되었던 사건에 관한 기억이 오랜 시간이 지난 뒤에도 생생히 반복된다. 그 밖에 우리가 흔히 이중인격 혹은 다중인격이라고 알고 있는 주체성 해리 장애 등도 동반될 수 있다. 극단적인 예이긴 하지만 그만큼 영웅과 희생양 역할을 모두 감당했던 자녀들이 극심한 정서적 학대를 경험했다는 의미다.

가족을 떠나 침묵하라

당신이 희생양이라는 확신이 든다면 어떻게 해야 할까? 희생양은 스스로 역할을 바꿀 수 없다. 할 수 있는 일이라고는 가족을 떠나 침묵하는 것뿐이다. 희생양이 떠나면 가족 간의 사이가 멀어진다. 사실 희생양은 알게 모르게 가족을 뭉치게 하는 구심점 역할을 해왔다. 그런 까닭에 희생양이 사라지면 희생양이 홀로 받아냈던 부담과 압력을 남은 가족들이 나눠서 져야 하는 것이다. 남은 가족들이 희생양을 욕하며 똘똘 뭉칠 수도 있겠지만 이런 상황은 오래가지 않는다. 희생양이 떠나도 계속해서 새로운 문제가 발생하고, 이때 누구를 비난해야 하는지 알지 못하기 때문이다.

당신은 지금까지 당신 가족에게 무엇이 가족 간의 사랑이고 신뢰인지 수없이 이야기해왔을 것이다. 당신의 감정이 어떤지 수없이 애원하고 소리쳐보았을 것이다. 하지만 그 누구도 당신 목소리에 귀 기울이지 않았다.

당신이 사라지고 나서야 비로소 가족은 자신들의 진짜 모습을 볼 수 있다. 당신이 그토록 끊임없이 외쳤을 때는 아무도 당신 목소리를 듣지 못했지만, 당신이 침묵하고 당신의 부재가 길어질수록 가족들은 오히려 당신 목소리에 귀 기울이게 된다.

나의 원가정 구조 그려보기

썸머의 힐링 과제

2

〈엄마는 우주의 중심, 태양〉 챕터에 나온 그림을 참고해 나의 원가정 구조를 그려보자. 당신은 지금까지 나르시시스트 엄마의 플라잉 몽키를 자처해 가족들 사이를 오가며 엄마의 명령을 바삐 수행했을 수 있다. 혹은 당신이 새로운 희생양이 되어 공격받기 전까지, 기존의 희생양이 어떤 고통을 받고 있었는지 전혀 모른 채 살아왔을 수도 있다. 하지만 이제부터라도 나의 가정 내 구조를 객관적으로 바라보고 인정한다면, 회복에 큰 도움이 될 것이다.

자녀들이 성인이 되어 독립하거나, 어떤 사건을 계기로 희생양이 가족을 떠난 경우, 또는 영웅이 나르시시스트 엄마에게 큰 실망감을 안겨준 경우, 가정 구조에 변화가 찾아온다. 만약 이런 변화가 일어났다면, 변화 이후의 구조도 그려서 어린 시절과 비교해보자.

1. 어린 시절

1) 나르시시스트 엄마와 가족의 구조

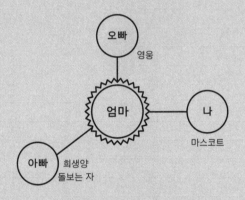

2) 나르시시스트 엄마와 공격의 구조

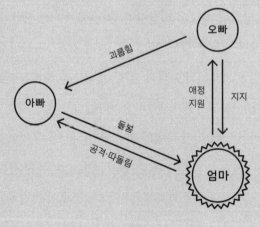

2. 현재

-변화 요인: 희생양이었던 아버지가 돌아가셨다.

1) 나르시시스트 엄마와 가족의 구조

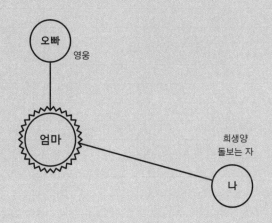

2) 나르시시스트 엄마와 공격의 구조

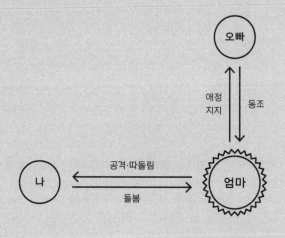

1. 어린 시절

1) 나르시시스트 엄마와 가족의 구조

2) 나르시시스트 엄마와 공격의 구조

2. 현재

-변화 요인:

1) 나르시시스트 엄마와 가족의 구조

2) 나르시시스트 엄마와 공격의 구조

3장

엄마라는 성에 갇힌 딸

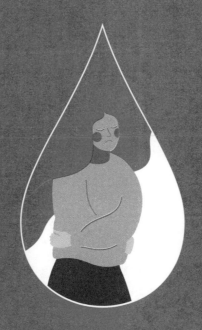

딸은 엄마의 아바타

디즈니 애니메이션 〈라푼젤〉은 엄마 고델이 딸 라푼젤을 18년 동안 탑에 가두어놓는다는 이야기에서 출발한다. 고델은 오로지 자신의 젊음과 아름다움을 유지하려는 이기적인 목적으로 라푼젤을 가두었다. 평생 탑 안에 갇혀 살아온 라푼젤의 소원은 해마다 자신의 생일에 띄워지는 전등을 보러 탑 밖으로 나가는 것이다. 밖에 나가게 해달라고 애원하는 라푼젤에게 고델은 이런 이야기를 들려준다.

그래, 가버리렴. 가서 강도나 당하고는 죽어버리렴.
나는 그냥 네 엄마일 뿐인데, 내가 뭘 알겠니?
난 그냥 널 씻기고 기저귀를 갈아주고 간호해주기만 했을 뿐인걸.

날 내버려 두고 가버리렴. 난 그래도 싸지.

난 여기서 혼자 죽을 테니, 장례 치를 때나 오렴.

그때는 너무 늦었겠지만.

너는 잘 속고, 순진해 빠졌고, 엄청나게 지저분하고,

멍청한 데다가 조금, 글쎄, 음…… 멍하지.

엄마가 바라는 건 딱 한 가지뿐이야.

다시는 탑 밖으로 나가도 되냐고 물어보지도 말렴.

너무너무 사랑한다, 아가야.

—OST 〈엄마가 제일 잘 안단다(Mother knows best)〉 중

사실 라푼젤은 18세가 된 어엿한 성인이며 머리카락을 줄처럼
사용해 충분히 혼자 탑 밖으로 나갈 수 있었다. 고델은 라푼젤을 끈
으로 묶어 결박하거나 주먹을 휘두르며 위협하지 않았다. 다만 오로
지 몇 마디 말로 세상이 얼마나 위험한지, 그런 세상에 나가기에 라
푼젤이 얼마나 미성숙하고 어리숙한지 속였을 뿐이다. 거기에 더해
딸을 향한 자신의 사랑과 희생을 강조하면서!

성장한 라푼젤은 조금씩 엄마의 말에 의구심을 갖기 시작한다.
엄마의 거짓말이 평생 통할 수는 없는 것이다. 18년 동안 탑에 갇혀
있던 라푼젤은 엄마의 뜻을 거역하고 마침내 탑 밖으로 나온다. 라

푼젤은 처음 느껴보는 자유와 해방감에 들뜨지만, 한편으로는 엄마의 뜻을 거슬렀다는 죄책감에 괴로워한다. 영화에서는 이 두 가지 마음을 왔다 갔다 하며 혼란스러워하는 라푼젤의 마음을 잘 표현하고 있다.

> 믿을 수 없어! 내가 밖으로 나오다니!
> 엄마가 모르시면 괜찮을 거야, 그렇지?
> 완전 대박이야!!!
> 내가 다신 돌아가나 봐라!
> 야호! 내 인생 최고의 날이야!
>
> Vs.
>
> 믿을 수 없어! 내가 밖으로 나오다니!
> 엄마가 화내실 텐데…….
> 어떡해, 엄마한테 죽었다.
> 난 정말 비열한 사람이야.
> 난 정말 나쁜 딸이야. 돌아가야겠어.

라푼젤은 자신이 세상 밖으로 나가면 큰일 날 만큼 미성숙하고 어리석은 존재이며 오직 엄마만 의지하고 신뢰해야 한다고 학습되었다. 엄마의 뜻을 거역하는 건 엄마의 사랑에 대한 배신이었으므로, 언제나 엄마의 통제에 순응하며 살았다. 사실 라푼젤은 물리적인 탑이라는 공간이 아니라 엄마의 거짓말, 가스라이팅, 죄책감 씌우기, 피해자 코스프레 등 갖가지 언어의 사슬에 갇혀 있었던 셈이다.

창살 없는 감옥에 갇힌 딸

나르시시스트 엄마는 딸을 자기가 원하는 방식대로 '조종'하며 자신의 틀 안에서 벗어나지 못하도록 '통제'한다. 딸은 엄마의 꼭두각시 인형이 된 듯한 기분이 들고 자신의 삶이 창살 없는 감옥같이 느껴진다. 하지만 왜 성인이 된 딸이 엄마 손에서 벗어나지 못할까? 왜 엄마가 원하는 스타일의 옷을 입고, 엄마가 원하는 대학에 들어가고, 엄마가 원하는 직업을 가져야 할까? 왜 내가 원하는 것을 과감하게 선택하지 못하고, 꾸역꾸역 엄마가 만들어놓은 이미지에 맞추어 살아가야 할까?

이유는 간단하다. 성인이 되기까지 엄마에게 관심과 사랑, 정서적 지지가 아니라 과도한 참견과 조종, 통제를 당하며 성장해서다. 나르시시스트 엄마는 딸이 자신에게 순종하기를 원하고, 모든 행동

하나하나를 매우 세심하게 조종한다. 자신감이나 믿음을 깎아내리고, 엄마의 정신적 노예로 만든다.

도대체 우리 엄마는 왜 이럴까? 때론 화가 나다가도 엄마가 요구하면 딸은 또 어쩔 수 없이 그 말을 들어주게 된다. 나중에는 엄마가 이상한 건지 내가 이상한 건지 헷갈리기까지 한다.

딸이 지칠 때까지 물고 늘어지는 엄마

나르시시스트는 겉으로 보이는 이미지에 과도하게 집착한다. 자신이 정해놓은 성공의 기준과 사회적 체면을 잣대 삼아 자녀를 제멋대로 휘두른다. 어린 자녀는 부모에게 모든 것을 의존할 수밖에 없는 처지다. 그야말로 '생존'이 부모에게 달려 있으니까. 그래서 자녀는 어쩔 수 없이 부모의 사랑과 인정을 받기 위해서라도 고군분투하게 된다.

엄마로부터 애정을 받는 방법은 단 하나. 바로 완벽해지는 것이다. 예쁘고, 공부 잘하고, 집안 살림 잘 도와주고, 돈도 잘 버는 완벽한 존재! 엄마의 비현실적이고 제멋대로인 요구와 기준에 맞춰 딸은 힘겹게 널을 뛴다.

사이다힐링 유튜브 구독자 가운데 미선 씨는 고등학생 때부터 웹툰 작가라는 꿈을 가지고 있었다. 그러나 딸이 웹툰 작가나 되는 게 성에 차지 않았던 미선 씨의 엄마는 딸에게 아무런 지원을 해주지 않았다. 그래도 미선 씨는 혼자 힘으로 열심히 노력해 서울에 있는 미대에 진학했다.

미선 씨가 대학을 다니는 내내, 엄마는 미선 씨의 전공과 웹툰 작가라는 꿈이 얼마나 한심하고 허황한지, 세상 물정 모르는 미선 씨가 얼마나 철부지 같은지 귀에 못이 박이게 이야기했다. 자신의 꿈을 향해 달려가던 미선 씨는 수년 동안 엄마에게서 들은 부정적인 메시지 탓에 '어차피 나는 해봤자 실패할 거야'라는 생각을 떨쳐버릴 수 없었다. 미술 수업에 드는 재료비를 벌기 위해 아르바이트와 학업을 병행했던 미선 씨는 남들보다 공부할 시간이 부족했지만 졸업 당시 평균 학점이 4.1일 정도로 학업 성적이 매우 우수했다. 그런데도 자신의 실력에 대해 충분한 확신이 없었다.

졸업을 한 미선 씨에게 엄마는 은행 텔러직을 권유했다. 웹툰 작가로서 자신의 자질과 가능성을 확신할 수 없던 미선 씨는 어쩔 수 없이 그 말에 따랐다. 미선 씨가 자신이 원하는 대로 움직여주자 엄마는 필요한 시험을 볼 수 있게 응시료를 내주고, 면접에 필요한 정장을 사주었다. 미선 씨는 얼마 되지 않아 계약직 텔러로 합격했고, 엄마는 마치 그게 자기 일인 듯 매우 기뻐했다. 엄마의 밝은 모습을 본 미선 씨는 너무나 행복했다.

그러나 엄마를 기쁘게 해드렸다는 뿌듯함은 오래가지 않았다. 엄마는 어느 날 미선 씨에게 "네가 은행에 다닐 수 있게 된 건 다 내가 널 설득하고 이끌어주었던 덕분이야. 내가 아니었으면 너는 평생직장도 없이 굶어 죽었을 거야"라고 말했다. 그러면서 만나는 사람마다 딸이 은행에서 일한다고 자랑했다. 그러나 다음 날은 어김없이 딸에게 "계약직이 뭐니? 너 때문에 내가 부끄러워서 밖에다 말도 못한다"라며 깎아내렸다.

엄마의 비난에 잠식당한 미선 씨는 나는 스스로 아무것도 이룬 게 없고, 고작 계약직 텔러밖에 되지 못한 자기 자신이 너무 한심하다는 생각이 들어 정신적으로 방황했다. 그리고 결국 몇 년 뒤 사직서를 내고 말았다.

나르시시스트 부모를 경험해보지 않은 자녀들은 아마도 이렇게 말할 것이다. "그냥 한 귀로 듣고 한 귀로 흘려!" 하지만 나르시시스트 부모의 자녀들은 부모의 요구를 한 귀로 흘리지 못한다. 대체 그 이유는 무엇일까? 왜 우리는 반항다운 반항 한 번 제대로 하지 못했을까?

허니문과 학대의 무한 반복

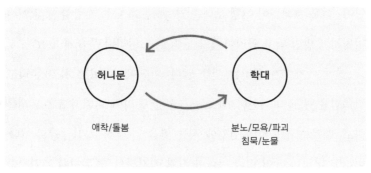

나르시시스트의 무한 관계 루프

나르시시스트 부모가 즐겨 쓰는 작전은 바로 '허니문'과 '학대'의 반복이다. 학대자는 자신이 원하는 것을 피해자가 들어주면 애정을 주고 돌보아주는 '허니문 기간'을 갖는다. 평소 엄마가 원하는 가방을 딸이 사주어서 이 가방을 들고 다니며 주변 사람들에게 과시할 수 있게 되었다고 하자. 그러면 엄마는 매우 기뻐하면서 딸에게 애정이나 관심을 표현할 것이다. 하지만 예상할 수 있듯이 이 허니문 기간은 그리 오래가지 않는다.

어느 날, 엄마는 퇴근하고 돌아온 딸에게 분노를 표출한다. 새 가방을 들고 자랑할 요량으로 동창회에 다녀왔는데 동창 중 한 명이 자기 딸이 대만으로 여행을 보내주어 다녀왔다며 기념품을 돌린 것이다. 그때부터 가방을 받았던 기쁨이 온데간데없이 사라진 엄마는 본격적으로 딸을 파괴하기 시작한다. "그깟 100만 원 하는 해외여행 네가 한 번이라도 보내줘봤어? 너 때문에 내가 얼마나 망신을 당한 줄 알아? 다들 자식들이 여행 보내준 자랑하는데 나는 자랑할 게 없어서 멍청하게 밥만 먹고 있었어. 동창들이 나를 얼마나 우습게 보겠니?"

엄마는 자기가 원하는 것을 딸이 해줄 때까지 분노를 표출하고 모욕감을 주고 파괴한다. 때로는 눈물을 흘리며 피해자 코스프레를 하고, 때로는 침묵하며 한집에 사는 딸을 없는 사람 취급할 것이다. 버티고 버티던 딸이 결국 그나마 가깝고 저렴한 중국 여행 패키지를 사준다면, 원하는 목적을 달성한 엄마는 다시금 '허니문 기간'으로 돌아간다. 딸이 좋아하는 반찬을 만들어주고, 회사에서 있었던 일을 말하면 인내심 있게 들어주기도 할 것이다.

하지만 '허니문 기간'은 결코 영원할 수 없다. 고작해야 나르시시스트가 피해자에게 맛보기로 보여주는 정도이기 때문이다. '네가 내 말을 잘 듣고, 내가 시키는 대로 한다면 우리는 이렇게 사이좋게, 행복하게, 즐겁게 지낼 수 있다'는 걸 가르쳐주는 시간일 뿐이다. 나르시시스트에게 원하는 목표가 생겼을 때는 곧바로 학대 기간으로 되돌아간다.

나와 엄마가 혹시 이런 사이클에 놓여 있지 않은지 확인해보자.

첫째, 시간이 지날수록 이 사이클의 주기가 점점 빨라지는가?

둘째, 시간이 지날수록 이 사이클의 강도가 점점 세지는가?

셋째, 시간이 지날수록 허니문 기간은 짧아지고 학대 기간이 길어지는가?

나르시시스트 엄마와 딸 관계에서 생기는 문제는 바로 이처럼 결코 만족할 수 없는 엄마에게 있다. 당신이 효도하지 않고 부모를 기쁘게 해주지 못해서가 아니다. 다른 사람을 있는 그대로 받아들이고 인정하거나 사랑할 수 없는 나르시시스트의 특성 탓이다.

딸을 지치게 만들자
작전 #1

언어는 힘이 세다. 우리는 우리가 생각하는 것보다 더 많이 언어를 통해 조종당하고 있었다. 처음으로 살펴볼 조종 언어는 딸을 혼란스럽게 만드는 데 사용하는 것들이다. 정확하게는 딸이 스스로 확신하지 못하게 만들거나, 딸의 잘못이나 책임이 아닌 일에도 죄책감이 들게 만들려는 목적이다. 무엇이 진실이고 무엇이 거짓인지, 엄마가 정확하게 무엇을 의도하는지 알지 못하게 만드는 것이다.

나르시시스트 엄마는 마치 늑대들이 끈질기게 사냥감을 쫓아 결국 지치게 만들 듯이 딸들을 기진맥진하게 만들어 조종한다. 딸은 끝없이 이어지는 엄마의 말이나 괴롭힘에 굉장히 지친다. 너무 지친 나머지 어떤 사실을 객관적으로 인지하고 사고할 수 있는 에너지도 점차 사라진다.

"그래, 이 돈 엄마가 가져가 써."

"알았어, 그냥 엄마가 원하는 대로 공무원 시험 준비할게."

"휴……, 이 옷 말고 엄마가 말한 옷 입고 나갈게."

무기력한 피해자는 학대자에게 금세 사로잡혀버리고, 그 순간 학대자는 목적을 달성한다.

진실을 감춘다

나르시시스트는 거짓말을 아주 잘한다. 흔히 거짓말이라고 하면 허언증을 떠올리기 쉽지만, 나르시시스트의 거짓말은 뜬금없거나 허무맹랑하지 않다. 이들의 이야기는 분명 진실, 사실, 실제로 일어났던 일에서 시작한다. 하지만 이야기가 뒤로 갈수록 얼토당토않은 거짓말, 완전한 거짓, 진실에서 벗어난 자신의 주관적인 생각으로 교묘하게 모습을 바꾼다.

나르시시스트 엄마는 자기가 얼마나 대단한 사람인지 끊임없이 딸에게 이야기한다. 본인이 얼마나 효심이 깊은지, 우리 가족을 위해 어떤 희생을 했는지, 살림을 얼마나 야무지게 잘하는지, 얼마나 지혜롭고 똑똑한 여성인지 등 말이다.

어려서부터 엄마의 일방적인 이야기를 듣고 자란 딸은 이렇게 믿게 된다.

"우리 엄마는 정말 고생을 많이 했어. 편히 사셔도 괜찮아."
"아빠는 엄마를 힘들게 한 나쁜 사람이야. 나라도 엄마를 실망시키지 말아야지."
"우리 엄마는 돈 관리도 잘하고 요리도 잘하는 다재다능한 사람이야."
"엄마는 내가 유일하게 신뢰하고 의지할 수 있는 사람이야."

사실은 그렇지 않다. 번지르르한 말에 현혹되면 안 된다. 실제 행동을 보는 것이 중요하다. 그래야 두 번 다시 당하지 않는다!

사이다힐링 유튜브 구독자 가운데 지영 씨는 어려서부터 엄마에게 이런 메시지를 듣고 자랐다.

"우리 가족 이외에는 모두 너를 등쳐먹고 사기 치려는 사람들뿐이야. 우리 세 식구 외에 그 어떤 사람한테도 네 마음을 열지 마. 절대 우리 집에서 있었던 일을 바깥에서 이야기하면 안 돼. 우리 가족을 우습게 알고 너를 만만하게 봐서 괴롭히고 이용할 거야."

지영 씨는 그 말에 따라 집에서 일어나는 일을 친구들에게 일절 이야기하지 않았다. 오직 세상에서 유일한 내 편인 가족을 돌보는 데 자신의 10대, 20대를 보냈다. 취업한 이후에는 자신의 월급을 모조리 가족을 위해 쓸 정도로 경제적인 몫도 크게 담당했다. 지영 씨는 당연히 그래야 하는 줄 알았고, 또 그런 자신이 싫지 않았다.

그런데 지영 씨가 서른이 넘어 좋은 남자를 만나 결혼을 하겠다고 엄마에게 말했을 때 비로소 진실이 모습을 드러냈다. 엄마는 지영 씨의 결혼을 결사반대했는데, 사정을 알고 보니 지영 씨의 월급을 놓치기 싫어서였던 것이다. 그제야 지영 씨는 엄마가 자신의 아르바이트 월급까지 몽땅 빼앗아가며 경제적으로 착취하고, 작은 일에도 체벌을 가하며 자신을 학대해왔다는 사실을 깨달았다.

결론 없는 논쟁

나르시시스트 엄마와 딸이 벌이는 논쟁은 끝없이 반복된다. 똑같은 문제를 가지고 어제 싸우고 오늘 싸우고 내일 또 싸우게 된다. 작년에 꺼냈던 이야기가 올해 또다시 튀어나온다. 딸과 엄마가 100분 토론을 한다고 하더라도 결론은 나지 않는다. 했던 말 또 하고 했던 말 또 하고, 마치 테이프를 틀어놓은 것처럼 끊임없이 반복된다. 엄마와 한 공간에 사는 딸은 이 논쟁에서 도망칠 길이 없다. 아무리 엄마 말에 반박할 증거를 들이밀고 설득해도 소용없다. 이 논쟁의 목적이 합의점을 찾는 데 있지 않기 때문이다.

여러분이 결혼 전, 정식으로 부모님께 인사를 드리기 위해 남자친구를 집에 데려왔다고 가정해보자. 그다음 날 엄마는 곧바로 남자친구의 흠을 잡기 시작할 것이다. 신뢰할 수 없다, 음흉해 보인다, 얍삽해 보인다, 인색하다 등의 비난이 이어진다. 남자친구가 인사드리며 사 온 멜론을 깎으면서도 벌써부터 처가 무시하느라 볼품없는 싸구려 멜론이나 들고 오는 거 아니냐며 타박한다.

몇 개월 뒤, 결혼한 딸이 신혼여행을 다녀와 여행지에서 산 선물을 들고 친정 엄마를 찾아왔다고 치자. 그러면 엄마는 또다시 공세를 재개한다. 혼자 적적히 지낼 장모를 배려하지 않는 쩨쩨한 사위, 인사드릴 때 달랑 멜론 두 통만 사 온 인색하기 짝이 없는 사람이라는 비난이 이어진다.

일이년 뒤, 딸이 손자를 낳으면 어떨까. 산후조리를 해준다며 신혼집에 온 엄마는 사위가 고생하는 장모를 제대로 대접하지 않는다며 끝없이 흉본다. 처음에 겨우 싸구려 멜론 두 통 들고 인사하러 올 때부터 알아봤다며 아기를 돌보느라 정신없는 딸 앞에서 한탄할 것이다. 딸은 사위 마음이 그런 게 아니라며 매번 엄마를 설득하려고 노력하겠지만, 딸의 노력은 아무런 소용이 없다. 엄마는 갑자기 자신이 회사에서 얼마나 무시당하고 있는지 말하다가 이내 표정을 바꾸고 눈물을 흘리며 "열 달 품어 낳은 자식이 나를 이렇게 생각할 줄은 몰랐다"고 억울해한다. 그러고는 "너는 내게 너무 소중한 사람이다. 같이 손잡고 하나님께 기도하자"며 딸의 손을 잡는다. "하나님, 소중한 자녀를 제게 주셔서 감사합니다. 아멘."

엄마와의 대화는 알 수 없는 방향으로 빙빙 돈다. 5도씩, 10도씩, 조금씩 교묘하게 틀어진 대화는 출구 없이 제자리를 맴돈다. 엄마가 자꾸 시비를 거는 목적은 사위를 나쁘고 이기적인 사람으로 몰아가면서 자신이 원하는 것을 얻기 위해서니까.

한 구독자는 이렇게 말했다. "항상 엄마가 먼저 시비를 걸고 말이 빙빙 돌아요. 대화는 결국 자기가 세상에서 가장 불쌍한 사람이 되어 우는 걸로 끝나요. 시시각각 말이 변하고 대화의 방향이 어디로 가는지도 모르겠어요. 대화를 끝내고 나면 죄책감이랑 진 빠진 마음만 남아요."

논쟁을 통해 딸이 얻는 것은 합의점이 아니라 죄책감뿐이다. 엄마는 자꾸만 과거의 일을 들추며 피해자가 죄책감을 느끼도록 만든다. "너는 아기 때 잠을 안 자서 나를 너무 괴롭혔다" "동생이 태어났을 때, 12개월이던 너는 이미 기저귀를 다 뗀 상태였는데 다시 기저귀를 차겠다며 떼를 썼다" 등 딸의 신생아 시절 일을 꺼낸다.

너무 피곤하고 지친 딸은 '그래, 내가 나쁜 사람이야. 내가 엄마를 힘들게 했어'라고 생각하게 된다.

끝없는 가르침

나르시시스트 엄마는 딸에게 끊임없이 레슨을 한다. 가르침은 매우 세세하고 구체적이다. "네가 아빠에게 가서 이러이러하자고 이야기를 해라" "네가 오빠에게 이러이러하자고 설득을 해라"라며 어떻게 말하고 행동할지 구체적으로 지시한다. 엄마는 이렇게 딸의 행동을 지시해 가족 전체를 자신이 원하는 방향으로 이끌어간다.

딸이 퇴근하고 집에 돌아와 식탁에 앉아 물이라도 마시며 숨을 고를라치면 엄마가 다가오고, 자연스레 끝없는 말의 향연이 시작된다. 처음 주제는 엄마가 오늘 만난 이웃집 아줌마다. 이웃집 아줌마의 근황이 이어지다가 그 아줌마가 자신을 어떤 포인트에서 기분 나쁘게 만들었는지 씩씩거리면서 이야기한다. 혹은 이웃집 아줌마네 아들이 뭘 해줬는지 자랑했다고 이야기하며 딸에게 화살을 돌린다. 그게 아니라면 자상한 남편과 능력 있는 아들을 둔 이웃집 아줌마와 자신의 처지를 비교하며 자기가 얼마나 가족을 위해 모질게 희생했는지 구구절절 하소연할 수도 있다.

대화의 시작이 무엇이든 언제나 마무리는 "그래서 딸인 네가 나를 돌봐주어야겠다"나 "그래서 딸인 네가 내게 돈을 줘야겠다" 정도가 된다. 엄마는 딸이 자신이 원하는 것을 해줄 때까지 들들 볶는다. 자취나 결혼을 해서 독립한다고 하더라도 딸의 전화기는 쉴 날이 없다. 엄마의 하소연과 끊임없는 넋두리, 그리고 기승전'네가 해줘!'라는 메시지로 불이 날 것이다.

가스라이팅

〈가스라이팅(Gaslighting)〉은 1938년에 무대에 오른 연극의 제목이다. 남편 잭은 윗집 부인을 살해하고, 보석을 찾기 위해 가스등을 켜서 뒤진다. 문제는 윗집과 아랫집인 자신의 집이 가스를 나눠 쓰기 때문에, 윗집 가스등을 켜면 자기 집 등불이 어두워진다는 것이다. 아래층에 있던 아내 벨라는 "어두워진 것 같지 않아?" 하며 남편에게 묻지만, 잭은 벨라가 과민반응을 하는 것이라고 몰아간다. 이것이 반복되면서 벨라는 결국 자신의 현실 인지 능력을 의심하고 잭에 대한 의존은 점점 심해진다.

가스라이팅은 이처럼 피해자가 현실을 보는 자신의 능력을 스스로 의심하게 만드는 정신적 학대다. 피해자는 가스라이팅을 통해 학대자가 주입하는 시각을 가지게 되고, 이 사실을 깨닫는다고 하더라도 그 영향에서 완전히 벗어나는 데는 오랜 시간이 걸린다.

가해자는 가스라이팅을 통해 특정 사실을 숨기고 자신의 가해 행위를 감춘다. 피해자에게 "너는 사리 분별 능력이 부족하구나"

"세상을 모르는구나"라며 탓하거나 피해자의 요구를 철저하게 무시한다. "너는 매사가 불만이구나" "너는 감사할 줄을 모르는구나" 혹은 "나는 그런 말 한 적이 없는데?" "기억이 안나는구나" 하면서 있는 사실을 없었던 일로 만든다.

엄마의 얼토당토않은 시비와 떼쓰기에 지쳐버린 딸이 분노해서 소리를 지르거나 방문을 쾅 닫고 들어갔다고 치자. 그러면 엄마는 "너는 철이 없구나" 혹은 "너는 예민하구나"라는 식으로 반응한다. 딸이 느끼는 감정을 철저하게 아마추어적인 반응으로 무시하는 것이다.

점차 딸은 자신이 느끼는 감정을 확신할 수 없다. 내가 점점 미쳐가고 있는 건 아닌지 의심이 되고, 자신을 믿을 수 없어진다. 실제로 많은 딸이 스스로 인격장애가 있다고 생각해서 자료를 찾다가 사이다힐링 채널에 찾아온다. 가해자인 엄마가 이 사실을 감추기 위해 도리어 딸을 가해자로 몰아갔기 때문이다.

어떤 구독자는 부모님으로부터 30년 넘게 받았던 가스라이팅에 대해 이렇게 말했다. "아무리 생각해도 답이 안 나올 때는 부모님께 조언을 구했어요. 하지만 언제나 제 생각이 짧다고 이야기하셨죠. 그래서 남들이 나를 생각 없다고 하지 않을까, 헛소리한다고 속으로 비웃지 않을까 걱정할 지경이었고, 직장생활이 참 힘들었어요. 사회생활도 잘 못하는 무능력한 나를 자책했죠."

모호한 의사 표현

나르시시스트 부모가 항상 신랄한 표현만 사용하는 건 아니다. 간혹 모호한 표현을 쓸 때가 있는데, 대개 미래에 일어날 일이나 앞으로의 계획을 이야기할 때가 그렇다. "이건 어떻게 되는 거예요?" "어떻게 하실 거예요?" 하고 물어보면 "글쎄, 모르겠네" "그러게나 말이다"라는 식으로 얼버무린다. 그러면 피해자는 불편한 마음에 원치 않은 책임감을 지게 된다.

어느 여름, 친정 아빠의 생일을 앞두고 엄마에게 전화했을 때였다.

"엄마, 잘 지내고 계셨죠?"

"어~ 그래. 무슨 일이니?"

"네, 다름이 아니라 다음 주가 아빠 생신이잖아요."

"아……, 그러니?"

"생신인데 다 같이 밥이라도 먹어야죠."

"응……."

"저희가 집으로 갈까요? 갈 때 과일이랑 케이크 사 들고 가서 밥 먹어도 괜찮을 텐데요."

"아…… 집에서? 글쎄……."

"(집에서 음식 만드시기 힘드신가 보다.) 더우니까 밖에서 외식으로 할까요?"

"음……, 그러게."

"어디 가고 싶은 식당 있으세요?"

"하……, 그러게."

"(외식하기에는 비용이 부담스러우신가 보다.) 지난번 ○○식당 좋아하셨는데, 거기로 갈까요?"

"음……, 그게 좋을까?"

"네, 거기서 만나요. 식사는 동생네 것까지 저희가 부담할게요."

"그래, 그게 좋겠다."

가해자들은 분명히 알고 있다. 모호한 표현으로 듣는 상대방에게 교묘하게 책임을 돌리면, 피해자들을 자신이 원하는 방향대로 움직이게 만들면서도 모든 책임에서 자유로울 수 있다는 걸.

극심한 감정 기복

나르시시스트 엄마는 감정 기복이 굉장히 심하다. 어느 날은 "나는 너를 사랑해" "너는 내게 너무 필요한 존재야" "누가 몇십억 준다고 한들 너랑 어떻게 바꾸겠니"라고 말하지만 다음 날은 극단적으로 딸을 학대하고 원망하고 비난한다. "내가 너 같은 걸 낳고 좋다고 미역국을 먹었으니, 나 자신이 정말 한심하고 원망스럽구나"라며 독기 어린 말을 쏟아내기도 한다. 나르시시스트의 말과 행동은 전혀 예측할 수 없다.

나르시시스트는 수십 개의 가면을 가지고 있고, 상황에 따라 가면을 재빨리 바꿔 쓴다. 어느 날은 매우 따뜻한 엄마의 가면을 쓰고, 어느 날은 딸을 회유하는 착한 경찰 가면을, 어느 날은 딸을 협박하는 악당 가면을, 어느 날은 피해자의 가면을 쓴다. 덩달아 불안하고 혼란스러워진 딸은 스스로에 대해 확신할 수 없어지고, 그럴수록 엄마에게 더 종속된다.

공격은 최선의 방법
작전 #2

나르시시스트 부모는 자녀를 끊임없이 비난한다. 자녀가 10만큼의 실수나 잘못을 저질렀다면 이를 200만큼 부풀려서 신랄하게 꾸짖는다. 혹은 딸의 어떤 행동이나 성과가 아니라 딸 자체의 가치를 깎아내리기도 한다.

엄마는 끊임없이 딸에게 부정적인 메시지를 전한다. "너는 나쁜 애야.""너는 이기적이야.""내가 이렇게나 고생하고 희생했는데……." 엄마에게 모든 문제는 자녀가 혹은 남편이 만든 것이다. 그래야 딸을 이용하고 딸에게 이득을 취한다는 사실을 숨기면서 계속해서 원하는 걸 얻어낼 수 있으니까.

방어하다가 지쳐서 진실을 보지 못하는 딸

비난을 자녀에게 뒤집어씌우는 이유 가운데 하나는 바로 피해자를 방어자로 만들기 위함이다. 딸은 나는 배은망덕한 사람이 아니라는 사실을 끊임없이 증명하고 설명해야 한다. 하지만 딸이 아무리 노력해봤자 엄마를 설득하기는 힘들다. 엄마가 자꾸만 딸을 공격하는 이유는 딸이 자신을 방어하는 데 모든 시간과 에너지를 다 써서 진실을 똑바로 바라보지 못하게 하는 데 있다.

예를 들어, 대학을 졸업한 딸이 취업해서 월급을 200만 원 받게 되었다고 가정해보자. 비록 적은 월급이지만 딸은 그 돈으로 학자금 대출을 갚고, 이따금 가족들 외식을 시켜주고, 본인이 필요한 옷가지나 화장품을 구입하고, 조금씩 적금을 들며 알뜰살뜰 살고 있었다. 하지만 어느 날 엄마가 퇴근하고 돌아온 딸에게 이렇게 말한다. "우리 가족은 돈이 없어서 고통받고 있는데, 너는 혼자서 호의호식하는구나! 가족들은 어떻게 사는지 들여다보지도 않고. 저만 아는 이기적인 애 같으니라고."

딸은 자신이 절대 나쁘고 이기적이고 못된 사람이 아니라고 방어하고 설득하는 한편, 엄마를 사랑하고 품어주고 이해해주려 노력한다. 하지만 딸이 최선을 다해 들어주고 참을수록 학대는 점점 더 심해지기만 한다. 피해자가 이해해주고 포용해줄수록, 가해자는 '이

건 역시 너의 문제였군!'이라고 생각하게 되기 때문이다. 엄마는 '나는 완벽한데 딸이 문제를 만들었다'는 생각이 점점 더 굳어진다.

딸의 감정을 추측해서 비난하기

나르시시스트 엄마는 딸의 감정을 추측해서 말한다. "내가 이걸 도와줬는데, 너는 감사할 줄도 모르는구나." 이 말을 들은 딸이 반박이라도 할라치면 엄마는 "네가 언제 고맙다는 말 한마디 한 적 있느냐"며 딸을 부끄럽게 만든다. "너는 가족들과 함께 시간을 보내고 싶지 않나 보구나" "내가 너희 신혼집에 자주 찾아오는 걸 싫어하는구나" 등도 마찬가지다. 엄마는 이런 식으로 딸에게 '너는 나쁜 사람이야!'라는 메시지를 집어넣는다.

그 결과 딸은 나로 인해 가족이 힘들어진다고 생각하게 된다. 자연스레 자신의 욕구와 필요는 우선순위에서 뒤로 밀려난다. 항상 나르시시스트 엄마를 돌봐주는 일이 최우선이다. 늘 나는 나쁜 사람이라는 죄책감을 느끼고 있어서다. 엄마에게 고마워한다는 걸 증명하기 위해, 내가 가족을 소중히 여긴다는 걸 보여주기 위해 늘 엄마의 필요를 채워준다.

딸의 가치를 깎아내리기

엄마는 딸의 특정한 행동뿐 아니라 딸의 존재 가치 자체를 깎아
내리기도 한다. "누구도 너를 가치 있게 여기지 않아"라든지 "누구
도 내가 사랑하는 방식으로 너를 사랑할 수 없어"라는 메시지가 그
예다. 만약 누군가 딸을 칭찬하면 엄마는 그런 건 모두 사탕발림이
나 가식이라고 세뇌한다.

고백하자면 나는 태어나서 지금까지 단 한 번도 엄마에게 예쁘
다는 소리를 들어본 적이 없다. 엄마는 친척들이 모이면 내 종아리
가 무다리고 눈은 볼품없이 작고 쫙 찢어졌다고 놀리기 바빴다. 성
인이 되어서도 마찬가지였다. 취업한 후, 잦은 회식으로 살이 찐 내
모습을 보고 엄마는 신랄하게 흉을 보았다. "쟤 등에 살이 덕지덕지
붙은 것 좀 봐. 얼마나 고기를 먹었는지……. 고기 먹고 찐 살은 저
렇게 덕지덕지 덩어리로 붙어서 예쁘게 보이지도 않는다니까." 당시
나는 평소 몸무게보다 고작 2~3킬로그램 늘었을 뿐이었다.

내가 나의 외모 콤플렉스에서 완전히 벗어난 건 아이를 키우며
만난 수없이 많은 아기 엄마들 덕분이다. 내가 만난 아기 중 광고에
나 나올 법한 인형 같은 아이는 없었다. 하지만 아기 엄마들은 모두
자신의 아이를 귀여워하고 예뻐하고 사랑스러워했다. 자기 자식은
눌린 찐빵같이 생겨도 마냥 예뻐 보이기만 한다는 사실을 깨달은 나

는 그제야 마음이 편해졌다. 나의 외모를 엄마에게 평생 지적당했던 건 내가 객관적으로 예쁜지 못생겼는지의 문제가 아니었던 것이다. 자신이 낳은 자식조차 있는 그대로 예뻐할 수 없는 우리 엄마의 문제였다.

불안감은 키우고, 자존감은 깎는다

나르시시스트 엄마는 딸을 불안하게 만든다. 아이에게 안정감을 주는 게 부모의 역할이지만, 이들은 정반대로 의식적이건 무의식적이건 자녀를 불안하게 만든다.

자녀를 불안하게 만드는 방법에는 크게 두 가지가 있다. 첫 번째는 바로 딸의 민감한 문제를 사람들 앞에서 떠벌리는 것이다. 그 이야기를 다른 사람들이 알게 되면 딸이 불안하고 부끄러워하리라는 걸 알면서 대놓고 이야기한다. 예를 들어, 사춘기인 딸이 누구를 짝사랑했는데 차였다, 시집도 안 간 아가씨가 얼마 전 치질 수술을 했다고 말하는 식이다.

또 다른 방법은 딸을 직접적으로 비난하고 모욕하는 것이다. 나르시시스트 엄마는 모욕적인 언사를 사용해 딸의 행동을 비난한다. 비난이 지속되면 대개는 스스로 헤어 나오지 못할 만큼 자존감이 낮아지게 마련이다.

불안감이 커진 딸은 어떤 결정을 할 때 스스로 판단하기가 매우 어려워진다. 누군가로부터 확신을 받아야만 결정할 수 있다. 엄마의 끊임없는 뒷말과 피해자 코스프레로 인해 딸은 주위 사람들로부터 점차 고립된다. 인생의 중요한 결정에 관해 의논할 수 있는 사람은 이제 엄마 한 사람뿐이다. 어쩔 수 없이 딸은 엄마에게 더 의존적이 된다.

엄마에게 온전히 존중받지 못한 딸은 지독하게 낮은 자존감과 외로움에 괴로워한다. 어쩌다 좋은 남자가 접근해도 경계의 날을 잔뜩 세운다. '나 같은 여자한테 반한 건 아닐 테고, 어떻게 하룻밤 자려고 수작 부리는 거 아니야? 날 가지고 장난하는 기 아니야?' 딸은 자신의 존재가 끔찍하다. 그 누구도 나 따위를 사랑해줄 리 없고, 엄마가 없으면 나는 쓸모없고 무의미한 존재라는 생각에 사로잡혀 있을 뿐.

딸은 현실을 직시할 수 없다. 딸에게 유일하게 가치를 주는 사람은 엄마뿐이다. 스스로 무언가를 결정하거나 확신할 수 없는 딸은 모든 걸 엄마 손에 내맡긴다. 그래서 학대를 당하면서도 엄마를 벗어날 수 없다. 딸이 고립될수록 엄마와 딸 사이의 관계는 매우 깊어진다. 자존감이 낮을수록, 딸은 더욱더 엄마를 벗어날 수 없다.

누군가는 이 무한 루프를 멈춰야 한다. 그리고 그 누군가는 바로 딸인 당신이다.

딸을 조련하는 엄마의 당근과 채찍
작전 #3

나르시시스트 엄마는 딸의 감정 상태라든지 행동에 대해 철저한 보상이나 벌을 준다. 상식적인 기준에서 누군가 잘못을 저질렀을 때 벌을 주는 것과는 다르다. 나르시시스트 엄마가 보상이나 벌을 주는 기준은 절대적인 옳고 그름에 따르지 않는다. 바로, 엄마가 원하는 것을 딸이 해주었느냐가 기준이다. 본인이 원하는 것을 해주면 상을 주고, 본인이 원하는 것을 안 해주면 벌을 주는 식이다. 한마디로 철저하게 자기가 원하는 것을 얻기 위한 전략이다.

나르시시스트 엄마가 원하는 것을 해줄 때만, 엄마가 원하는 사람이 되어야만 딸은 사랑과 관심을 받을 수 있다. 딸이 엄마에게 받는 것은 무조건적인 사랑이 아니라 매우 조건적인 사랑이다.

엄마의 손에 달린 딸의 행복

나르시시스트 엄마와 딸 사이에 갈등이 생기면 엄마는 딸이 지칠 때까지 괴롭히는 전략을 사용한다. 딸은 계속되는 논쟁에 지친 나머지 "그냥 엄마 뜻대로 해요"라고 말해버린다. 그러면 엄마는 자신의 의견을 따라준 딸에게 보살핌이나 관심으로 보상을 해준다. 이런 패턴이 반복되면 딸은 어떤 일에든 자신의 의견을 포기하고 엄마의 의견에만 따르게 된다.

나와 엄마의 관계도 다르지 않았다. 엄마는 내가 교사가 되기를 바랐고, 내 의지를 무시하고 억지로 사범대학에 진학시켰다. 졸업하면 바로 교사 자격증이 나오기 때문이었다. 처음 대학에 입학했을 때 엄마는 대학 입학금과 등록금 외에도, 봄 재킷을 사주고, 신입생 OT 참가비, 전공 서적 구매비에 더해 용돈까지 챙겨주었다. 그리고 내가 대학 입학도 하기 전부터 끊임없이 세뇌를 시켰다.

"너는 이제부터 학교-집-도서관만 왔다 갔다 해. 너는 깔끔하지 못해 렌즈 같은 건 관리도 못 하니까 안경을 쓰고 다녀라. 치마 같은 건 입지 말고, 남방 하나랑 청바지 하나로 버티면서 무조건 공부만 해. 이제부터는 무조건 전액 장학금을 받고, 졸업과 동시에 임용고시에 합격해서 돈을 벌어야 해. 여자는 26살이 넘어야 사람 보는 눈이 생기니까 연애는 교사가 되고 나서 하면 된다."

이런 엄마의 바람이 이제 막 성인이 된 스무 살 딸에게 먹힐 리 없었다. 호기심에 가득 찼던 나는 이것저것 기웃거리며 한 학기를 보냈다. 엄마가 입지 말라는 치마를 입고 화장을 하며 친구들과 놀았다.

문제가 생긴 건 학교가 적성에 맞지 않으니 이참에 그만두고 재수를 해서 내가 원하는 전공으로 다시 입학하고 싶다는 뜻을 밝힌 뒤부터였다. 그때부터 엄마는 밤마다 방문을 두드리며 "내가 내준 등록금 내놔!"라고 소리치며 괴롭혔다. 자신이 설계한 대로 교사가 되어 살든가 아니면 내 마음대로 평생 고졸로 살라며 협박했다. 어느새 나는 엄마는 가고 싶어도 가지 못했던 대학에 다니면서도 부모에게 감사할 줄 모르는 파렴치한이 되어 있었다.

말을 듣지 않은 내게 엄마는 벌을 내렸다. 그다음 학기부터 용돈을 월 10만 원으로 깎은 것이다. 당시 나는 매일 학교 수업을 듣고 주말에는 교회에서 봉사를 하던 터라 학기 중 마땅한 아르바이트를 구하기가 힘들었다. 통금시간마저 저녁 8시였기 때문에 애초 학업과 아르바이트를 병행할 조건이 아니었다. 저녁 8시 10분이 되면 어김없이 내 휴대전화는 불이 났다. 부재중 전화가 30통, 50통씩 찍혔다.

한 달 10만 원 지출 안에서 지하철을 타고 학교에 매일 수업을 들으러 다녀야 했다. 매점에서 과자 한 봉지를 사 먹으며 하루를 버텼다. 원치 않은 전공을 억지로 공부하며 다음 날 학교에 갈 차비를 100원 단위로 체크하며 살아야 했던 나는 극심한 스트레스를 받았고, 큰 우울증에 빠졌다. 그로부터 1년 만에 대학을 휴학할 정도로 상황이 나빠졌다.

그런데 내가 막상 자퇴를 염두에 두고 휴학을 하자 엄마의 태도가 누그러졌다. 자칫 잘못하면 내가 학교를 자퇴해 교사 자격증을 못 딸 수도 있다는 데 생각이 미쳤던 것이다. 오랜 고민 끝에 복학을 결정한 뒤, 엄마는 내가 다시 반항이라도 할까 봐 전전긍긍했다. 엄마는 나를 반드시 교사로 만들겠다는 일념으로 불타올랐고, 나는 하루라도 빨리 졸업해서 이 지긋지긋한 집을 벗어나겠다는 일념으로 꾸역꾸역 버텼다.

내가 대학에 다니는 동안 엄마가 가장 행복해했던 순간은 내가 교생실습을 나간 한 달이었다. 엄마는 마치 내가 당장이라도 교사가 된 듯 기뻐했다. 교생실습에 들어가는 실습비, 새로 산 정장, 실습 마지막 날 반 아이들에게 돌렸던 햄버거 세트 비용까지 엄마가 모두 부담해주었다.

돌이켜보면 나는 명백한 실수나 잘못을 할 때가 아니라, 엄마가 정해놓은 기준을 지키지 않으려 할 때마다 끔찍한 벌을 받았다. 교사가 아닌 다른 직업을 고민하기만 해도 제 분수와 세상 물정 모르는 철없는 아이가 되어 비아냥과 조롱을 받아야 했다. 그럴 때면 밤새 거실 한가운데서 신을 향해 울부짖는 엄마의 절규가 이어졌다.

"검은 머리 짐승 거두지 말라는 말이 있는데, 내가 저년을 낳고

발등 찍혔습니다. 주여……, 도대체 왜 제게 이런 시련을 주시나요.ˮ

반항하는 딸을 혼쭐내자

이제부터 엄마가 어떻게 딸을 벌주는지 구체적으로 살펴보자. 딸이 청소년이나 성인이 되면 더는 어린아이를 혼내듯 벌줄 수 없다. 대개 다음과 같은 네 가지 형태가 일반적이다.

첫째, 분노 표현하기

자기 마음에 들지 않으면 마구잡이로 분노를 쏟아낸다. 소리를 지르거나, 물건을 던지거나, 딸의 물건을 부숴버리거나, 실제로 딸에게 물리적인 폭력을 가할 수도 있다. 어린아이들이 자신을 제어하지 못하고 길바닥에서 떼를 쓰며 우는 모습과 비슷하다.

문제는 이런 모습을 본 딸이 죄책감을 느끼게 되는 데 있다. '내가 그렇게 엄마를 속상하게 했나?' '내가 그렇게 엄마를 아프게 했나?' 결과적으로 딸은 모든 잘못이 자신에게 있다고 여기게 된다.

둘째, 기분 나쁘게 만들기

딸의 기분을 일부러 나쁘게 만든다. 가장 대표적인 방법은 딸이

싫어하는 사람의 이야기를 자꾸 꺼내는 것이다. 헤어진 남자친구라
든지 이혼한 전남편의 이야기를 자꾸 꺼내고 소식을 묻기도 한다.
싫어하는 친구가 같은 지역에 산다면 우연히 그 아이를 만났다는 등
그의 근황을 자꾸 전하면서 끊임없이 괴롭힌다.

셋째, 침묵하기

한집에 있는 다른 가족들에게는 아무렇지 않은 듯 즐겁게 대하
면서 딸만 존재하지 않는 사람처럼 취급한다. 실제로는 잘못한 게
없어도 마치 딸이 큰 잘못을 해서 자신이 화가 났고 그에 대한 벌을
준다는 태도를 보인다. 불편한 분위기가 오래도록 이어지면 결국 피
해자인 딸이 먼저 엄마에게 다가가게 된다. "왜 그래? 우리 대화로
풀어봐." 결국 애원하는 쪽은 딸이다. 딸이 사과해야만 상황이 종결
되기 때문이다.

하지만 실제로 딸은 잘못한 것이 없다. 단지 엄마가 시키는 대로
하지 않았을 뿐이다. 혹은, 엄마가 원하는 대로 하려고 최선을 다했
지만 실패했을 뿐이다. 그래도 일단 잘못했다고 빌어야 한다. 그러
나 사과를 하는 딸의 마음속엔 '내가 도대체 뭘 잘못했는데?'라는 의
문이 남아 있을 수밖에 없고, 이런 의문은 훗날 트라우마와 고통으
로 이어진다.

넷째, 경제적 학대

자녀에게 용돈을 주지 않거나 아주 인색하게 주는 방식으로 괴롭힌다. 어떨 때는 내가 시키는 대로 해야 유산을 남겨줄 거라며 협박하기도 한다. 나르시시스트의 인색함은 실제 경제적 상황과는 큰 관련이 없다. 이들은 돈이 있든 없든 타인에게 매우 인색하다.

딸의 발목을 붙잡는 엄마의 가짜 눈물
작전 #4

나르시시스트 엄마는 딸이 떠나는 데 대한 두려움을 가지고 있다. 하지만 나르시시스트 엄마가 느끼는 딸의 독립이란 우리가 흔히 빈둥지증후군이라고 부르는 것과는 다르다. 빈둥지증후군은 성인이 된 자녀가 독립했을 때 부모가 느끼는 상실감이나 외로움을 말한다. 이와 달리 나르시시스트 엄마가 딸을 잃는다는 건 자가 호흡을 못하는 환자에게서 산소호흡기를 떼어버리는 일과 같다.

나르시시스트의 내면에는 공허함, 자기혐오, 분노 등 부정적인 감정이 가득 차 있다. 그래서 끊임없이 주변 사람들에게 인정과 관심, 찬사를 받아야 하며, 자신의 부정적인 감정을 던질 감정 쓰레기통이 필요하다. 나르시시스트 엄마에게 딸은 한마디로 산소호흡기 같은 존재다.

하지만 딸은 성장하면서 자연스레 엄마로부터 독립할 수밖에 없다. 취업이나 결혼을 통해 독립할 수도 있고, 스스로의 의지로 엄마를 떠날 수도 있다. 각각의 상황에서 나르시시스트 엄마가 어떻게 대응하는지 살펴보자.

피해자 코스프레

죄책감은 공감 능력이 뛰어난 딸을 옆에 붙들어두고 내가 원하는 방향대로 휘두를 수 있는 아주 좋은 도구가 된다. 죄책감을 사용하면 딸이 느끼는 감정, 반응, 행동까지 모두 통제할 수 있다.

가장 대표적인 방법은 본인의 희생을 강조하는 것이다. 내가 우리 가족을 위해 얼마나 큰 희생을 했는지 끊임없이 말한다. 엄마의 이야기를 들은 딸은 엄마 말을 듣지 않으면 큰 죄를 지은 듯한 죄책감에 휩싸인다. '우리 엄마는 불쌍한 사람이야.' 이 때문에 엄마가 내가 겪고 있는 문제의 원인이었음을 깨닫는다 해도 엄마를 거부하거나 버리고 떠나기 어렵다.

나르시시스트 엄마는 자신의 희생을 강조함과 동시에 '돌봄'을 해준다. 예를 들어, 옷을 사준다든지, 시집간 딸에게 반찬을 해다 준다. (물론, 이때도 딸이 원하는 걸 해주기보다는 자신이 원하는 걸 해주는 경우가 많다.) 그러면 딸은 내가 정말 나쁜 사람이 된 것 같은 기분이 든다. 실제로 많은 딸이 이렇게 이야기한다. "썸머 님이 예로 든 이야기는 우리 엄마랑 정확하게 일치해요. 하지만 저희 엄마는 정말 고생을 많이 하셨고, 진짜 힘들게 사셨거든요."

그러나 생각해보자. 과연 우리 부모님 세대에 남녀 차별 한 번 받지 않고, 상처나 어려움 없이 산 사람들이 있을까? 굳이 부모 세대가 아니라 우리도 마찬가지다. 학창 시절에 괴롭힘이나 왕따를 한 번도 안 당하고, 집에서 사랑만 받고, 사회에서 부당한 대우 한 번 경험해 보지 않은 사람이 과연 몇이나 될까?

내가 부모에게 죽을 만큼 맞고 자랐다고 해서 내 자녀를 죽을 만큼 때려도 되는 걸까? 내가 부모에게 성적인 학대를 받았다고 해서 내 자녀를 성적으로 학대해도 될까? 아니다. 눈에 보이지 않는 정서적 학대 역시 마찬가지다. 내가 피해자였다고 해서, 나의 가해가 정당화될 수는 없는 노릇이다.

고립되는 딸

나르시시스트 엄마의 특징은 끊임없이 주변 사람들 흉을 본다는 것이다. 무능한 남편이 자기를 얼마나 고통스럽게 했는지 하소연하고, 고모를 비롯한 아빠의 친가 친척이 얼마나 엄마를 무시하고 이간질했는지, 할머니가 얼마나 개념 없고 무식한 노인인지, 작은어머니가 얼마나 얌체 같고 여우 같은지 딸에게 이야기한다. 이런 이야기를 들은 딸은 자연스레 엄마가 불쌍하다는 생각을 가지게 된다.

한번은 우리 엄마가 나의 가장 친한 친구 엄마를 동네에서 만났는데, 그날 엄마는 좀처럼 분을 삭이지 못하고 나에게 씩씩거리며 이야기했다. "그 여자가 요즘 내가 무슨 일을 하는지 꼬치꼬치 캐묻는 거야. 내가 대충 얼버무리니까 어찌나 공격적으로 나왔는지 몰라."

분명히 나와는 큰 상관이 없는 일이었는데, 그 이야기를 듣고 난 뒤로 나는 내심 친구에게 서운한 마음이 들었고, 그러다 그 친구와 조금씩 사이가 멀어지고 말았다.

나의 경우처럼, 엄마의 뒷말을 들은 딸은 엄마를 괴롭힌 주변 사람들, 즉 자신의 아버지, 남편, 친척, 이웃에 대해 은연중에 거부감을 느끼게 된다. 그렇게 되면 주변 사람들과 관계가 멀어져 홀로 고립되어버린다. 결국 딸 주변에 남는 사람은 엄마 한 사람뿐이다. 그렇게 딸은 다시 엄마에게 철저히 의존하게 된다.

딸의 경제적 자립을 방해하자

나르시시스트 엄마는 크게 두 가지 방법으로 딸의 경제적 자립을 방해한다. 첫 번째 방법은 자녀가 애초에 경제력을 갖지 못하게 하는 것이다. 성인이 되어 무언가 열심히 해보려는 딸에게 "너는 돈 벌 필요가 없다"라고 이야기하거나, 딸이 중요한 시험이나 면접을 앞두었을 때 의도적으로 방해한다. 딸의 시간을 계속 뺏는다든지, 집중하지 못하게 훼방을 놓는다.

30대나 40대가 되어도 스스로 돈을 벌 수 있는 경제력을 갖추지 못한다면 나를 학대하는 부모에게서 벗어날 수 없다. 스스로 자립할 수 있는 능력을 박탈당했기 때문이다. 부모는 딸이 공부하고 직업을 가지고 자기 삶을 개척하도록 놓아두지 않는다. 친구를 만나거나 연애하는 걸 방해하고, 딸이 더 큰 세상을 탐험하지 못하게 막는다. 그 대신, 끊임없이 부모 자신이나 가족을 돌보라고 강요한다.

두 번째 방법은 딸이 빨리 경제력을 갖도록 만든 뒤, 딸이 번 돈을 모두 가져가는 것이다. 딸이 자신의 대학원 진학이나 자취방 보증금, 결혼 자금을 마련하려고 저축하면 이를 칭찬해주는 대신 딴 주머니를 찬 배신자로 취급한다. 혹은 딸 앞에서 계속 살림을 바꿔달라, 여행을 보내달라, 동생 학원비를 보태달라며 이런저런 핑계로 끊임없이 돈을 가져간다. 딸의 월급날과 정확한 급여액을 파악하려

들고, 딸 이름으로 된 신용카드를 발급받아 쓰기도 한다.

나르시시스트 엄마를 만족시키는 방법은 딸이 아예 월급 통장을 엄마에게 맡기고, 쥐꼬리만 한 용돈을 받아 쓰는 것뿐이다. 나르시시스트 엄마는 돈에 힘이 있다는 걸 누구보다도 잘 알고 있다. 딸이 목돈을 쥐는 순간, 언제든 자신을 떠날 수 있다는 사실도 잘 안다. 그래서 딸이 돈을 줄 때까지 회사로 전화를 하고, 문자를 보내고, 퇴근하고 돌아오면 잠자리에 들 때까지 똑같은 이야기를 끊임없이 반복하며 괴롭힌다.

나르시시스트 엄마는 딸이 원하는 직업을 가지고 그 안에서 마음껏 자신의 꿈을 펼치도록 허락하지 않는다. 자녀가 회사에서 불공정한 일을 당하거나 비상식적인 상사를 만나 고통을 받아도 다 견디고 이겨내라고 말한다. 너무 힘든 나머지 일을 그만두려고 하는 순간, 딸은 이 세상에서 제일 나약하고 아무짝에도 쓸모없는 인간이 되어버린다.

딸의 결혼을 방해하자

주로 희생양인 딸에게 많이 사용하는 방해 방법은 바로 딸의 연애와 결혼을 방해하는 것이다. 나르시시스트 엄마는 딸이 성인이 될 때까지 '남자란 위험한 존재'라고 반복적으로 주입한다. 결혼하는 것보다 평생 엄마와 함께 사는 게 더 행복하고 안전한 삶이라고 세뇌한다. 결혼 적령기인 딸이 퇴근 후에 친구들과 차라도 한잔 마시며 기분 전환을 하려고 하면 전화통에 불이 난다. 누구를 만나는지, 어디에 있는지, 무엇을 하는지, 그리고 언제 들어오는지 꼬치꼬치 캐묻는다.

만약 딸이 연애하거나 결혼을 하겠다고 남자를 소개한다면 어떨까. 그러면 엄마의 방해는 더욱 심해진다. 엄마는 딸에게 남자친구 흉을 보거나, 혹은 남자친구에게 딸의 치부나 과거에 만났던 남자들에 관한 이야기를 의도적으로 흘릴 것이다.

나의 정체를 눈치챈 딸을 다시 붙잡자

딸이 특정한 사건을 계기로 엄마와 거리를 두어야겠다고 결심하고 엄마에게서 분리되는 경우도 있다. 하지만 엄마는 어떻게 하면 도망간 딸을 다시 자기 곁으로 불러올 수 있는지 아주 잘 알고 있다. 이렇게 도망가려는 피해자를 다시 불러들이는 학대자의 행동을 후버링(Hoovering)이라고 한다. '후버'는 진공청소기 브랜드인데, 진공청소기가 먼지를 쫙 빨아들이듯 도망간 피해자를 다시 끌어들인다는 의미에서 붙은 이름이다.

후버링이 효과가 있는 이유는 바로 딸의 공감 능력이 매우 뛰어나고 이타심과 동정심이 강하기 때문이다. 엄마에게서 벗어난 딸은 죄책감과 분노, 불안, 회의감 등의 부정적 감정에 휩싸인다. 이런 상태에서 강력한 후버링이 들어오면 애써 했던 결심이 순식간에 수포가 되기 일쑤다. 후버링의 예는 다음과 같다.

첫째, 좋은 사람인 척 연기하기

좋았던 기억이나 추억을 떠올리게 만든다. "아이 보느라 힘들겠네"라든지 "공부하느라 힘들지는 않아?" 하며 걱정해주는 척한다. 내가 유일하게 너를 걱정해주는 사람이라는 사실을 일깨워주는 것이다. 또한, 자꾸 무언가를 갖다주겠다고 하고, 이를 핑계로 자꾸 만나자고 요구한다.

둘째, 변화된 척 연기하기

"내가 심리상담을 받았는데(혹은 어떤 책을 읽어보니까) 내 어린 시절의 아픔이나 트라우마 때문에 자녀들에게 그런 식으로 행동했다고 하더라. 그때는 내가 몰라서 그랬어."

대표적으로 많은 나르시시스트가 쓰는 흔한 수법이다. 사실 이런 고백은 딸에게 죄책감을 심어주기 위한 거짓 연기일 뿐이다. 딸은 희망을 품고 다시 관계를 맺으려 노력하지만 이런 상황은 결코 오래가지 못한다.

셋째, 거짓말하기

딸이 자신에게 얼마나 소중한 존재인지 설명한다. 하지만 엄마와 다시 관계를 맺으면 딸은 말과 다르게 엄마가 자신을 전혀 소중하게 생각하지 않는다는 걸 알게 된다. 도망간 딸을 다시 불러들이기 위해 처음 한 말은 모두 거짓이다. 엄마가 정말로 딸을 어떻게 생각하고 있는지는 시간이 지날수록 명백해진다.

넷째, 비극 이용하기

어떤 사고가 났다거나, 집에 안 좋은 일이 생겼다거나, 누군가 아프다거나 하는 비극을 이용해 피해자의 죄책감을 자극한다. 응급실에 실려 가서 수액 맞는 사진을 찍어 보내거나 자살소동을 벌이기도 한다. 평생 엄마의 감정을 돌보고 뒷수습해온 딸은 이런 이야기를 들으면 어쩔 수 없이 다시 엄마에게 달려가 문제를 해결하려 노력하게 된다. 그러면 다시 예전으로 돌아가버린다.

다섯째, 협박하기

물리적인 폭행을 하며 협박한다. 핸드폰이나 옷 등 딸의 소중한 물건을 망가뜨릴 수도 있다. 딸이 자신을 배신했다고 느낀 엄마는 이보다 더 끔찍한 일을 저지른다. 실종신고를 해서라도 엄마를 피해 따로 방을 구해 나간 딸을 기어이 찾아낸다. 딸의 직장에 찾아가 난동을 부리기도 한다. 심한 경우, 딸을 집 안에 감금하거나 가족끼리 동의해서 정신병원에 강제 입원시킨다.

여섯째, 플라잉 몽키 활용하기

연락을 끊고 자신을 치유하는 데 집중하는 딸에게 플라잉 몽키를 보낸다. 플라잉 몽키는 아빠일 수도 있고, 형제일 수도 있고, 친척이 될 수도 있다. 엄마의 사주를 받고 찾아온 플라잉 몽키는 딸의 동향을 살피고 다시 엄마에게 돌아가라고 설득한다. 플라잉 몽키에게 정보를 너무 많이 주어선 안 된다. 모든 정보는 고스란히 엄마에게 들어간다. 그 대신 분명하게 거절 의사를 전하는 편이 좋다.

네가 감히 나를 떠났어?

일단 엄마와의 관계를 정리한 딸은 어떤 상황이 되어도 다시 예전처럼 돌아가서는 안 된다. 엄마는 자신을 한 번 떠난 딸에게 더 큰 벌을 주어야 한다고 생각한다. 후버링을 할 때는 자신이 변한 것처

럼 연기할 테지만 이내 "모든 게 다 네 탓이야"라고 더욱 강력하게
비난할 것이다. 후버링에서 벗어나지 못한 딸은 이전보다 심한 학대
상황에 놓이게 된다.

사건의 재구성

셤머의 힐링 과제

3

상처 입은 많은 딸이 과거의 사건과 트라우마를 직면하기가 너무 고통스러워서 그저 묻어두고 애써 잊으려 노력한다. 하지만 상처는 용수철과 같다. 힘을 주어 누르면 누를수록 용수철은 더 높이 튀어오르고 만다.

기억을 억누르는 대신 당시 내가 느꼈던 감정을 그대로 느껴야만 본격적인 치유를 시작할 수 있다. 스스로 과거의 트라우마를 꺼내놓은 뒤 사건을 객관적으로 재구성해 바라봄으로써 학대자의 숨은 의도를 파악하고 진실을 깨달을 수 있다. 단순히 과거의 상처를 꺼내 아픔을 어루만지는 것만으로는 문제가 해결되지 않는다. 아픔과 분노 외에도 죄책감과 잘못된 책임감 등 우리가 이겨내야 할 감정은 많다.

사람은 모두가 자신만의 생각 필터를 가지고 있다. 안타깝게도 나르시시스트 엄마를 둔 우리의 생각 필터는 엄마의 것이다. 이제부터 이 생각 필터를 내 것으로 새로 갈아 끼우는 과정이 필요하다.

머릿속에서만 맴돌던 일을 꺼내다 보면 울음이 터질 수도 있고 분노에 휩싸일 수도 있다. 이 과정은 혼자 하는 것보다는 전문심리상담사와 함께 진행하기를 추천하고 싶다. 그래도 시간적 혹은 경제적 문제로 자신의 문제를 최대한 스스로 해결하고 싶어 하는 이들에게는 아래와 같은 툴이 유용하다.

다음 페이지를 참고해 머릿속에서 떠오르는 대로 글을 써서 적어보자. 가장 최근의 일부터 시작해 점차 과거의 기억으로, 가장 강렬하고 큰 트라우마부터 시작해 점차 비교적 작고 희미한 기억으로 넘어갈 것이다. 꼭 손으로 글을 쓰지 않아도 된다. 블로그에 비공개로 포스팅해도 좋고, 녹음기에 녹음해도 좋다. 얼굴이 공개되지 않게 영상으로 촬영해 유튜브에 올리는 방법도 있다.

이 과정은 결코 유쾌하거나 즐겁지 않다. 당시에 느꼈던 아픔, 슬픔, 수치감, 분노 등 부정적인 감정을 다시 경험한다는 건 매우 힘든 일이다. 예전에 느꼈던 감정을 표현하고 고통을 다시 느껴야 한다. 하지만 충분히 해볼 만한 가치가 있다. 이것만이 유일하게 트라우마를 완전히 없앨 수 있는 방법이기 때문이다. 이 과정을 거치면 마음속에 있던 여러 트라우마를 떠나보낼 수 있게 된다.

---

1. 어떤 일이 일어났나요?

현재 나의 삶에 영향을 주는 트라우마나 사건, 내게 쏟아진 비난을 적어봅니다.

2. 학대자는 어떤 목적으로 그런 행동이나 말을 했나요?

3장의 내용을 참고해 학대자의 의도를 찾아봅니다.

3. 나는 어떤 기분이 들었나요?

다음 페이지의 '감정의 바퀴'를 참고해 나의 감정을 정의하고 어루만져줍니다.

4. 이 사건을 다시 바라보아요.

이때의 학대나 비난, 가스라이팅이 현재의 내 삶에 어떤 영향을 끼치고 있나요?

▶ 이때의 학대나 비난, 가스라이팅이 없었다면 나는 어떤 사람이 되어 있을까요? 그리고 나는 어떤 기분이었을까요?

▶ 학대자가 감추고자 했던 신실은 무엇인가요?

▶ 실제로 나는 어떤 사람인가요? 나는 어떤 존재인가요?

[참고] 나르시시스트는 피해자의 감정을 확인하거나 알아주지 않는다. 이제 내가 당시 느꼈던 감정을 스스로 정의하고 어루만져주자. 아래 '감정의 바퀴'를 참고해 당시 내가 느꼈던 감정을 찾아보자. 한 사건에 여러 감정을 동시에 느낄 수 있다.

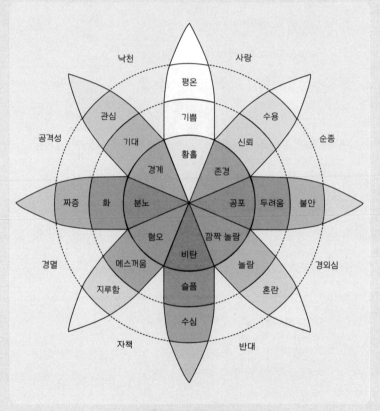

로버트 플루칙이 고안한 감정의 바퀴

1. 어떤 일이 일어났나요?

초등학교 3학년 때 일이다. 당시 유행하던 머리띠가 있었는데, 땋아 내린 가짜 머리카락이 달린 제품이었다. 갓 시집온 외숙모가 내게 머리띠를 3개나 사주었다. 나는 한 번도 유행하는 물건을 가져본 적이 없어서 매우 들떠 있었다. 그리고 명절에 시골 할머니 댁에 갈 때 머리띠를 가지고 갔다.

　연휴가 끝나고 집으로 올라가는 날, 엄마가 나를 붙잡아 앉혔다. 그리고 머리띠를 모두 사촌 언니에게 주라고 이야기했다. 나는 그럴 수 없다고 고집을 부렸다. 그러자 엄마는 자기 말을 들으라고 끈질기게 강요했다. 머리띠를 사촌 언니에게 주라고, 서울에 가면 새로 사주겠다고. 하지만 나는 엄마가 약속을 지킬 리 없다는 걸 잘 알고 있었다. 결국 엄마는 내게서 억지로 머리띠를 빼앗아 사촌 언니에게 주었고 나는 빈손으로 집에 돌아와야 했다.

　나는 종일 침울했고, 밤에는 일기를 쓰다가 울면서 잠이 들었다. 일기장에는 엄마가 친엄마가 아닌 것 같다, 너무 슬프다고 적었다. 엄마는 그런 내 모습을 보고는 지방에 사는 사촌 언니에게 그깟 머리띠도 양보 못 하는 못되고 이기적인 아이라며 비난했다. 나를 한심한 사람 취급했고, 내 예상대로 머리 띠는 새로 사주지 않았다.

2. 학대자는 어떤 목적으로 그런 행동이나 말을 했나요?

엄마가 딸의 소중한 물건을 마음대로 빼앗았다는 학대 사실을 감추고, 거꾸로 피해를 본 딸이 나쁘고 이기적이라는 잘못된 죄책감을 심어주기 위해서다.

3. 나는 어떤 기분이 들었나요?

내가 외숙모에게 선물로 받은 물건을 지키고 싶은 생각이 잘못된 것인지 혼란스러웠다. 혼나지 않아야 할 일에 혼나서 억울하다는 마음도 있었지만, 내 욕심으로 사촌 언니를 배려하지 못했다는 자책감도 들었다.

4. 이 사건을 다시 바라보아요.

▶ 이때의 학대나 비난, 가스라이팅이 현재의 내 삶에 어떤 영향을 끼치고 있나요?

좋은 물건이 있으면 내가 쓰지 못하고 언제나 가지고 있다가 엄마나 다른 가족, 혹은 친구들에게 주었다. 이런 습관은 나중에 내 아이가 태어났을 때까지 이어졌다. 아이에게 선물로 들어온 예쁜 옷을 그대로 보관하고 있다가 주변 사람들이 출산하면 나눠 주었다.

▶ 이때의 학대나 비난, 가스라이팅이 없었다면 나는 어떤 사람이 되어 있을까요? 그리고 나는 어떤 기분이었을까요?

나는 당당하게 나의 권리와 몫을 주장하고 챙기는 사람이 되었을 것이다. 학교생활이나 직장생활을 훨씬 더 지혜롭고 즐겁게 할 수 있었을 것 같다.

▶ 학대자가 감추고자 했던 진실은 무엇인가요?

다른 사람을 배려하지 않았던 이기적인 사람은 엄마 자신이다.

▶ 실제로 나는 어떤 사람인가요? 나는 어떤 존재인가요?

나는 이기적이거나 다른 사람을 배려하지 않는 사람이 아니다. 남의 아픔을 공감할 줄 아는 마음 따뜻한 사람이다.

4장

사랑도 일도 꼬여가는 딸

자기 몫을 챙기지 못하는 딸

생각해보면 나는 항상 다른 사람들에게 내가 원하는 것을 충분히 표현하지 못했다. 그저 상대방이 알아서 눈치껏 해주기를 마음속으로 바랄 뿐이었다. 하지만 그와 반대로 다른 사람이 내게 요구하는 것은 하기 싫어도 거절하지 못했다. 왜인지 항상 움츠러들어 내 목소리를 내는 게 어려웠다.

미용실에서 한 머리가 마음에 들지 않아도, 회사에서 부당한 일을 겪어도, 당연히 받아야 할 혜택을 받지 못했을 때도 나는 내 의견을 주장하지 못했다. 상대방이 스스로 눈치를 채고 정정해주거나 보상해주기를 바랐다. 나처럼 나르시시스트 엄마를 둔 많은 딸은 자신이 원하는 것을 주변 사람에게 당당하게 요구하지 못한다.

도움을 요청하지 못하는 딸

딸이 학교나 사회에 나가 자신의 목소리를 내고 권리를 주장하기 어려운 이유는 무엇일까. 바로 부모에게 무언가 요청했을 때 언제나 거절당하고 학대받았던 경험 때문이다. 나르시시스트 엄마는 자녀가 무언가를 요구하거나 필요로 할 때 비난의 강도를 높인다.

너무나 당연한 말이지만, 어린아이는 혼자서 모든 일을 처리할 수 없다. 자고, 먹고, 입고, 씻고, 싸고, 노는 모든 것에 도움이 필요하다. 건강한 가정에서는 자녀의 욕구가 부모에 의해 적절히 충족된다. 그리고 성장함에 따라서 점차 자기 스스로 문제를 해결하거나 주변에 도움을 요청하도록 가르친다. 그러나 나르시시스트 엄마는 자녀가 얼마나 미성숙하고 한심하며 자신을 귀찮게 구는지 이야기할 뿐이다.

일곱 살 된 딸의 머리를 감겨주며 "스스로 머리도 감지 못하는 한심한 아이"라고 비난하거나 경제력이 없는 학생인 딸에게 "너 때문에 우리가 가난하게 산다"며 필요한 학용품을 사주지 않는 식이다. 이런 엄마의 태도는 딸이 성장해서도 계속해서 이어져, 급기야 딸이 출산할 때는 산후조리를 받으려는 딸이 얼마나 유난스러운지 비아냥거리기까지 한다.

나 역시 너무나도 당연했던 도움을 요청할 때마다 엄마에게 무

참히 공격당했다. 대학을 졸업하고 지방으로 한 달 정도 일을 하러
가는 길이었다. 아빠가 내 짐을 챙겨 시내버스를 타고 시외버스터미
널까지 함께 이동해주기로 했다. 아빠와 함께 집 앞 시내버스 정류
장에 도착해 버스를 기다리는데 내가 핸드폰을 깜빡하고 집에 두고
왔다는 사실을 깨달았다. 버스 출발 시각이 임박해 집까지 갔다가
되돌아올 시간은 안 되었다. 집에서 쉬고 있던 엄마에게 바로 집 앞
버스 정류장으로 핸드폰을 가지고 와줄 수 있냐고 아빠의 핸드폰으
로 전화했다. 엄마는 나의 요청을 듣자마자 폭발해버렸다.

"넌 도대체 정신을 어디에 두고 다니는 거야? 정신 똑바로 안 차
릴래? 하여간 칠칠맞아가지고는. 내가 거길 왜 나가? 몰라, 그냥 네
가 알아서 해!"

나는 시간에 맞춰 움직이기 위해 최대한 엄마의 기분을 맞추며
제발 핸드폰을 가지고 와달라고 부탁했다. 그러나 내가 간절히 부탁
할수록 엄마의 분노는 점점 커졌다. 5분 정도 입에 담기 어려울 정도
의 폭언을 퍼부은 엄마는 자기는 모르는 일이라며 전화를 끊어버렸
다. 나는 가족의 응원과 지지가 아니라 비난과 화를 뒤집어쓰며 한
달 동안 타지로 일하러 내려가야만 했다. 결국, 핸드폰은 아빠가 집
으로 돌아가 택배로 부쳐주었다.

이런 경험이 쌓이면 나르시시스트 부모를 둔 자녀는 무언가 요청
할 때 자신이 오히려 학대받을 수 있다는 걸 학습할 수밖에 없다. 그

결과 웬만해선 주변 사람들에게 도움을 요청하지 않는 사람으로 변해가는 것이다.

자기 몫을 챙기면 이기적인 사람이야

딸은 무언가 필요할 때, 그것을 원하는 자신이 끔찍하게 이기적인 사람이라고 느껴진다. 어렸을 때 필요한 걸 요구할 때마다 엄마에게 이기적이라고 비난받았기 때문이다. 그 기억은 성인이 되어서도 큰 영향을 끼친다.

어릴 적 나와 동생은 같은 초등학교에 다녔는데, 소풍날이 늘 엇갈렸다. 그 초등학교가 하루는 1, 3, 5학년이 소풍을 가고, 그다음 날 2, 4, 6학년이 소풍을 가는 식으로 운영했기 때문이다. 소풍날 책가방에 김밥과 과자 두어 가지를 싸 가는 것까지는 좋았다. 하지만 소풍이 끝나고 돌아오면 언제나 엄마 앞에서 무릎을 꿇고 앉아 맹비난을 들어야 했다. 동생에게 줄 과자를 남겨 오지 않았다는 이유였다.

"엄마는 소풍 갈 때마다 어떻게 하면 집에 있는 동생들에게 과자를 줄까 고민하고 아주 아껴서 먹고 기를 쓰고 간식을 남겨서 왔는데, 넌 동생 몫은 생각도 못 하니? 어떻게 누나가 되어서 너밖에 모르고 그렇게 이기적으로 행동할 수 있니?"

'내가 고른 과자도 용돈 안에서 제일 싼 것만 골라서 간 건데' 하는 서운함과 '동생 줄 과자는 엄마가 한 봉지 사주면 되는 것이 아닌가' 하는 의문이 들었다. 그러나 마음 한편에는 내 몫을 다 챙기면 다른 사람을 배려하지 못하는 이기적이고 못된 사람이 되는 거라는 생각이 굳게 자리 잡았다.

그래서 학교나 교회에서 간식을 나눠 주거나 자리를 맡아야 할 때도 언제나 아이들 가장 뒤에 우두커니 서 있었다. 모든 아이가 하나씩 자기 몫을 차지하고서야 앞으로 가서 마지막 남은 것을 하나 가져왔다. 다른 아이들을 제치고 가장 먼저 내 몫을 차지한다면 진짜로 '양보할 줄도 모르는 이기적인 아이'가 되니까 말이다.

나르시시스트 엄마의 딸은 의식주 같은 아주 기본적인 필요나 당연히 누려야 할 행복, 정서적 지지, 경제적 안정, 건강 등을 추구할 때도 죄책감을 느낀다. 맛있는 음식을 먹거나, 휴양지에서 휴가를 누릴 때도, 모처럼 쇼핑을 할 때도 나만 생각하는 이기적인 사람이 된 듯 느껴진다.

스스로 무엇을 원하는지 모르는 딸

늘 엄마에게 자기 요구를 철저하게 무시당한 딸은 스스로 무엇을 원하는지조차 알지 못한다. 배가 고프다고 이야기해도 못 들은 척 무시당하면 점점 배고픈 감각을 잃어간다. 그러다 아예 음식을 먹는 행위 자체를 거부할 수도 있다.

이런 딸의 옷장과 화장대를 보면 미니멀 라이프를 추구하는 사람의 살림과 비슷할 정도로 휑하다. 자기가 원해서 미니멀 라이프를 실천하는 사람과 차이점이 있다면, 나르시시스트 엄마의 딸은 미니멀 라이프라는 개념을 알기 전부터 이미 자신을 위해 아주 최소한의 물건만 구입해왔다는 사실이다.

나는 성인이 되어서도 평생 값비싼 화장품이나 가방을 스스로 산 적이 없다. 직장 생활을 하면서도 로드숍에서 구입한 만 원짜리 수분크림 한 개만 썼다. 아이크림이나 스킨은 아예 없었고 말이다. 립스틱조차 한 개를 다 쓰거나 잃어버려야 겨우 새 제품을 샀다.

나는 아주 기본적인 것에서조차 나를 돌볼 수 없는 사람이 되어버렸다. 아프면 병원에 가는 대신 혼자 끙끙거리며 참았고, 필요한 물건이 있어도 이가 없으면 잇몸으로 버티듯 살았다. 무더운 여름날 집 밖에 나가서는 물 한 병도 사 먹지 않고 목마른 것을 참으며 집에 올 때까지 버텼다.

그럼, 나는 누가 돌봐주지?

나르시시스트 엄마의 딸은 어렸을 때부터 엄마를 돌보아왔다. 많은 딸은 자신이 무엇을 원하는지에는 전혀 주의를 기울이지 않고 끊임없이 엄마의 필요를 채우려 최선을 다한다. 그리고 한편으로는 엄마도 알아서 자신의 필요를 채워주고 돌보아줄 거라 기대한다.

하지만 이런 딸의 기대는 산산이 무너진다. 딸은 자신이 어려운 상황에 부닥쳐 있을 때, 엄마가 자신을 도와주지 않고 외면하는 모습에 직면한다. 뜻하지 않은 실직으로 수입이 없어졌을 때나 아이를 낳아 산후조리를 받아야 할 때, 병원에 입원해서 어린 자녀들을 대신 돌봐줄 사람이 필요할 때, 누군가의 도움이 절실하게 필요한 순간 엄마는 돌변한다. 사막 한가운데 홀로 버려진 듯한 기분이 들 때, 비로소 딸은 무언가 이상하다고 깨닫게 된다.

나는 완벽해야 해!

내가 만난 나르시시스트 엄마의 딸들은 자신의 모습에 만족하지 못했다. 스스로 더 괜찮은 사람이 되어야 한다고 믿고 끊임없이 자신을 몰아갔다. '못난 나'를 바꾸기 위해 다이어트에 돌입하고, 미용 시술을 받고, 자격증을 따고, 사회적으로 성공하기 위해 끊임없이 자신을 채찍질해나갔다.

물론 이 과정에서 의미 있는 성과를 이루는 경우도 있었지만 그럼에도 이들은 언제나 불안해했고 초조해했다. 만약 좋은 대학에 입학하면 '나는 아마도 전산 실수로 잘못 입학한 걸 거야. 누가 알아차리면 어떻게 할까'라는 불안감에 휩싸이고, 좋은 남자를 만나면 '나같이 볼품없는 여자에게는 금방 질려버릴 거야'라고 걱정했다.

아무리 피나는 노력을 해도 부정적인 감정은 쉽사리 사그라지지 않는다. 그런데 우리는 왜 완벽해지기 위해 몸부림치는 걸까? 왜 내 모습을 있는 그대로 인정하고 받아들이고 사랑해주지 못할까?

나는 한심한 인간이 아니야! 증명해내겠어!

희생양으로 자란 딸은 내면에 자신에 대한 부정적인 메시지가 가득 차 있다.

"너는 잘 알지도 못하는 게 어디서 나서니?"

"이 자리가 어디라고 의견을 내니?"

"네가 감히 언니와 너를 비교해?"

"너는 어렸을 때나 지금이나 참 못생겼구나."

"너는 매사에 항상 불평불만만 할 뿐이지."

"네가 뭘 할 줄 안다고."

딸은 자신이 그렇게 한심하고 하찮은 존재가 아니라는 걸 증명하기 위해 과잉성취형 인간이 된다. 엄마에게 들은 부정적인 메시지가 사실이 아님을 보여주기 위해 애쓰는 것이다.

과잉성취형은 앞만 보고 달려가는 폭주 기관차와 같다. 스스로 멈추거나 돌아볼 줄 모른다. 어디로 가야 할지 알지 못한 채 무작정 달리기만 한다. 연료를 다 써서 바닥이 날 때까지 최고 속력으로 달리

다가 어느 순간 어디쯤인지 알지도 못하는 곳에 더럭 멈추어 선다.

부모에게 외모 지적을 받으며 자란 딸은 성인이 되어서 '나는 엄마가 이야기했던 것처럼 못생긴 사람이 아니야!'라고 속으로 외치며 엄마의 생각이 틀렸음을 증명해내려고 한다. 매일 새 모이만큼 밥을 먹고, 윗몸일으키기를 200번씩 하고, 부지런히 피부관리를 한다. 하지만 애초 목표 달성의 기준 자체가 없으므로 이런 시도는 시작부터 어긋나 있다. 오로지 계속해서 자신을 혹사해가며 붙잡히지 않는 '외모'에 끊임없이 집착하는 자아만 남게 된다.

작은 돌부리에도 무너져 내리는 딸

누군가는 이렇게 말할 수도 있다. "어쨌든 결과가 좋잖아요? 예뻐졌고, 날씬해졌고, 좋은 대학에 들어가고, 좋은 직장에 들어갔잖아요"라고.

그러나 과잉성취형 딸은 전시실에 진열된 갑옷과 같다. 겉으로는 강인해 보이지만 내면은 텅 비어 있다. 작은 돌부리에라도 걸려 넘어진다면 갑옷은 와르르 무너져 내린다. 혹은 빵빵하게 부풀어 오른 풍선에 비유할 수도 있다. 언뜻 거대해 보이지만 작은 나뭇가지에라도 찔리면 순식간에 터져버리는 풍선 말이다.

만약 딸이 '나는 멍청한 사람이 아니야! 머리 나쁜 애가 아니야!' 라는 걸 증명하기 위해 열심히 공무원 시험을 준비했다고 하자. 그런데 몇 년간 피나는 노력을 했어도 낙방한다면? 사실 시험은 누구든 떨어질 수 있다. 그러나 나르시시스트 엄마의 딸은 내가 수년에 걸쳐 부정하려고 했던 메시지가 곧바로 사실이었음을 인정하게 된다.

'역시 나는 멍청했구나. 그래, 나 같은 건 역시 노력해도 안 되는 거였어. 내 인생은 이제 글렀어'라고 생각하며 실제 실패의 크기에 비해 더 지나치게 좌절한다. 과잉성취형 딸에게 실패란 툭툭 털어내고 일어나면 되는 단순한 일이 아니다. 내가 애써 부정하려고 했던 메시지가 바로 사실이고 현실임을 직면해야 하는 끔찍한 순간이다.

실패할 수도 있어!

부정적인 메시지와 싸우고 있는 과잉성취형 딸에게 들려주고 싶은 이야기가 있다. 나의 동창인 다혜와 내 이야기다.

다혜는 부모님의 사랑과 경제적 지원을 충분히 받고 자란 친구였다. 다혜는 중학교 3학년 때 외고 입시를 준비했다. 매일 단어 수백 개를 외우고, 잠자리에서도 영어 녹음테이프를 들으며 잠들 정도로 열심이었다. 그러나 결과적으로 다혜는 외고 입시에서 떨어졌다. 나는 다혜가 좌절할 줄 알았다. 하지만 불합격 통보를 받은 다음 날부터 다혜는 정석 책을 들고 다니며 수학 선행학습을 바로 시작했다.

시간이 흘러 대입을 앞둔 상황이 되었다 인문계 고등학교에 진학한 다혜는 의대를 목표로 공부했다. 계획대로 고 2때 이과반을 선택했고 목표를 향해 열심히 공부했다. 그러나 안타깝게도 다혜는 의대에 진학하지 못했고 그 대신 명문대 이공계열에 진학했다. 그때 다혜는 내게 이렇게 말했다.

"내 꿈은 의대 교수가 되는 거였어. 하지만 의대에는 갈 수 없는 성적이야. 어쩔 수 없지. 내가 진학하는 과로는 ○○ 대학이 우리나라에서 최고니까 이곳에서 공부를 하고 나중에 ○○과 교수가 되어 보려고 해."

다혜는 정말 열심히 그리고 즐겁게 대학 생활을 했다 그리고 20대 중반에 자신의 다짐대로 미국 유학을 떠났다. 다혜는 살면서 계속해서 숱한 좌절과 실패를 경험할 것이다. 하지만 그때마다 툭툭 털어버리고 언제나 새로운 방법을 찾아 전진할 것을 의심치 않는다.

짐작하겠지만 나의 경우는 달랐다. 나 또한 당시 원하는 대학에 떨어졌는데, 어느 정도 속상한 수준이 아니라 극심한 우울감과 좌절감, 패배감에 휩싸여 아예 일상생활을 하지 못할 정도였다. 물론, 대입이 개인에게 중요한 문제인 것은 틀림없다. 하지만 나는 정도가 심했다. 어떤 실패를 하든 남보다 더 크게 세상에 분노했고, 모든 것이 무너진 듯한 좌절감을 느꼈다.

한번 수렁에 빠지면 헤어 나오는 데 아주 많은 시간이 필요했다. 내가 했던 '도전'은 평생 들었던 부정적인 메시지들에 대한 싸움이었으니까. 만약 내가 실패했다면 그 메시지들이 결국 옳다는 증명이 되어버리니까. 무너진 나는 오랜 기간 두문분출하고 있다가, 에너지가 충전되면 다시 폭주하며 달려갔다. 그러다가 실패를 하면 다시 주저앉아 좌절했고, 회복되면 다시 의미 없는 폭주를 시작했다.

평범해도 괜찮아

다리가 조금 짧고 눈이 좀 작으면 어떤가? 두 다리로 걸을 수 있다는 데 감사하고, 두 눈으로 세상을 바라볼 수 있음에 감사하자. 번듯한 직장에 안 다니면 어떤가? 매일 출근할 곳이 있고, 내가 나를 경제적으로 책임질 수 있다는 데 감사하자.

우리는 평범하게 살아도 괜찮다. 남들보다 많은 것을 이루지 못해도 상관없다. 있는 그대로 나를 인정하고 받아들이고 사랑해주자. 그런 나를 보살피고 이끌어주자. 그것으로 충분하다. 여러분은 지금까지 이미 충분히 많은 것을 해냈고 견뎌왔다. 더는 자신의 가치를 증명하지 않아도 된다. 이제는 잠시 의미 없는 질주를 멈춰도 좋다.

절망의 구렁텅이에 빠진 딸

과잉성취형과 정반대로 행동하는 자기방임형 딸도 있다. 하지만 과잉성취형이나 자기방임형 모두 목적은 같다. 바로 '엄마가 틀렸다'는 걸 증명하기 위해서다.

자기방임형은 아무것도 하지 않고 실패자로서 남는 것이다. 조금만 힘에 부쳐도 쉽게 포기하고, 알코올이나 게임에 쉽게 중독된다.

엄마가 딸에게 "집 근처 공단에 취업해 돈이나 벌어라. 너한테는 이 직업이 딱 맞다. 대학 들어가 봤자 돈만 날린다"라는 메시지를 주입했다고 하자. 이 메시지를 들은 과잉성취형 딸은 엄마의 생각이 틀렸음을 증명하기 위해 오히려 이를 악물고 공부해 자신의 능력을 증명하려 들 것이다. 반면 같은 메시지를 들은 자기방임형 딸은 아예 방바닥에 드러누워 종일 스마트폰만 하면서 빈둥거린다. 자신을 방치하는 극단적인 방식으로 엄마가 원하는 사람이 될 수 없다는 사실을 증명하고자 하는 것이다.

부정적인 메시지를 외면하고 싶은 딸

자기방임형 딸은 자신이 가지고 있는 능력을 제대로 발휘하지 못하는 경우가 많다. 결정적인 순간에 자신감을 잃고 지레 포기해버리기 때문이다. 스스로 무가치하고 무능력하다고 생각하는 등 머릿속이 부정적인 메시지로 가득 차 있다.

예를 들어 "너는 어렸을 때나 지금이나 참 못생겼구나. 네 아빠를 닮아 머리가 크고 키가 작아 안타깝구나"라는 말을 들으면 아예 외모 관리를 포기해버린다. 거울도 보지 않고, 또래와 다르게 화장이나 머리 모양, 예쁜 옷에 일체 관심을 두지 않는다.

외모뿐만이 아니다. 공부나 취업, 연애 등 모든 일에서 자신이 한심하고 쓸모없는 사람이라고 단정하고 무기력해진다. 또래 친구들이 대학에 들어가 취업 준비를 하고, 직업을 가지고, 연애하고, 결혼하면서 인생의 여러 장애물을 씩씩하게 넘어갈 때, 자기방임형 딸은 '나는 애초에 이걸 뛰어넘을 수 없는 사람이야'라고 생각하고 장애물 사이에 주저앉아버린다.

실제 자기 능력에 한참 미치지 못하는 직업을 갖기도 한다. 도전하고 결단해야 하는 결정적인 순간이 왔을 때 늘 주저하고 포기하는 쪽을 택하기 때문이다.

엄마에게 복수하기 위해 인생을 건 딸

자기방임형 딸은 대학 진학을 거부할 수도 있고, 성인이 되었지만 직업 갖기를 거부할 수 있다. 거식증으로 몸이 쇠약해져 있을 수도 있고, 초고도 비만이 되어 있을 수도 있다. 어쨌거나 딸의 삶은 망가질 대로 망가져 있다.

딸은 속으로 이렇게 생각하며 기뻐할 것이다. '친척들이 엄마를 보고 뭐라고 할까?' '교회 사람들이 내가 이렇게 된 걸 알았을 때 엄마가 얼마나 부끄럽고 당황스러워할까?' '혼자 잘난 척하더니 제 자식도 제대로 교육 못 했다고 다들 비웃겠지?'

딸의 예상대로 나르시시스트 엄마는 오로지 딸의 행동으로 인해 주변 사람들이 자신을 바라보는 시선에 문제가 생길까 봐 전전긍긍한다. 엄마는 자신의 체면을 세워주지 못하는 딸을 더욱 모질게 외면한다. 건강이 악화되거나 경제적으로 힘들어해도 딸을 도와주지 않는다. 악순환에 빠지는 것이다. 결국 자기방임형 딸은 엄마와 자기 자신 양쪽 누구도 이길 수 없는 싸움에 뛰어든 셈이다.

부정적인 메시지를 극복하자

어떤 딸은 삶의 대부분이 자기방임 과정이었을 것이다. 그리고 어떤 딸은 삶의 대부분이 과잉성취 과정이었을 수 있다. 과잉성취형이라고 하더라도 실패했을 때 절망에 빠져 자기방임형이 되기도 하고, 자기방임형 생활을 하다가 어떤 사건을 계기로 과잉성취형이 되기도 한다. 공통적으로 둘 다 이렇게 극단적인 상태를 반복하는 경우가 많다.

나 역시 자신의 가치를 증명하기 위해 대부분의 삶을 '과잉성취형'으로 살아왔지만 큰 실패에 부딪히거나 어려움이 겹치면 자살 충동을 느끼기도 하고, 두문불출 집에 고립되어 있기도 하고, 어떠한 생산적 활동도 할 수 없는 '자포자기형'이 되곤 했다.

여러분이 어떻게 살아왔든, 지금 이 순간 어떤 모습으로 살고 있든, 원인은 같다. 바로 당신이 평생 부모에게 들어온 부정적인 메시지다. 우리가 해야 할 일은 내면에 있는 부정적인 메시지를 객관적으로 바라보고 다시 고쳐주는 작업이다.

엄마가 숨겼던 진실을 발견하자

사이다힐링 구독 회원 한 분이 자기가 너무 키가 작고 못생겨서 콤플렉스라는 글을 올린 적이 있다. 엄마에게 오랫동안 비난과 깎아내리기, 가스라이팅을 당한 케이스였다. 그리고 얼마 후, 아주 큰 용기를 내어 본인 사진을 공개했다. 그 사진을 보고 나를 포함한 회원들은 모두 깜짝 놀랐다. 사진 속 회원이 이제 막 피어오르는 장미처럼 너무나도 아름답고 싱그럽게 빛나고 있었기 때문이다.

당신은 당신 엄마보다 더 찬란하게 빛나는 존재다. 그렇기 때문에 엄마는 자꾸만 당신을 꺾어서 누르려고 한다. 나르시시스트는 똑똑하고 잘나고 괜찮은 사람을 깎아내릴수록 더 큰 쾌감을 느낀다. 작전에 말려들 필요가 없다. 이제는 온전히 당신이 이루어낸 성취를 돌아보며 수고한 나를 소중히 어루만져주자. 나 자신을 채찍질하며 막다른 골목으로 몰아가지 말고 삶의 즐거움과 여유를 하나씩 누려보자.

부모 복 없는 딸, 남편 복도 없는 이유

'부모 복 없는 사람 남편 복도 없다'라는 말이 있다. 안타깝게도 나르시시스트 부모로부터 학대를 당한 많은 딸이 또 다른 학대자를 만나 결혼을 하는 실수를 범한다. 그리고 자녀가 태어나면 다시 자기 자녀가 부모에게 학대당하는 걸 바라보게 된다. 학대가 세대에 걸쳐 대물림되는 것이다.

계속해서 관계 맺기에 실패하는가? 그건 바로 엄마와 맺던 관계 방식을 다른 사람들과도 되풀이하기 때문이다. 이번 챕터와 다음 챕터에서는 엄마와의 관계가 딸의 연애에 어떤 영향을 끼치는지 알아보자.

돌봄 중독자

나르시시스트 엄마를 둔 많은 딸이 유년기-청소년기-초기 성인기에는 엄마를 돌보아준다. 누군가를 돌보고 보살필 때만 자신의 존재 가치를 인정받을 수 있다는 믿음 때문이다. 그래서 대체로 건강하고 행복한 사람보다는 어딘가 부족하고 자신이 품어줘야 할 것만 같은 사람에게 끌리는 경우가 많다. 자신을 존중해주며 행복하고 건강한 연애를 할 수 있는 남자들을 거부하고, 아무리 챙겨주고 보살펴주고 돌보아주어도 절대 만족하지 않는 엄마 같은 남자를 만난다. 그리고 평생 그 남자의 필요를 채워준다.

딸은 마치 자신이 평강공주라도 된 듯이 문제 상황에 처한 연인을 도와주려 애쓴다. 언젠가 그가 변해서 나를 돌봐줄 거라는 믿음으로 자신의 모든 에너지를 연인에게 쏟는다. 유흥에 빠져 신용불량자가 될 처지에 놓인 남자에게 돈을 빌려주고, 게임 중독에 빠진 남자를 일으켜 세운다면서 지인에게 사정사정해 일자리를 구해주기도 한다.

놀랍게도 그런 남자들은 한결같이 딸의 희생과 헌신을 기대만큼 감사해하지 않는다. 자신의 문제 행동을 바꾸지 않고 계속해서 바람을 피우거나 술을 마신다. 딸은 열심히 남편과 자녀들을 돌보며 헌신한다. 하지만 딸이 병에 걸리거나 실직해 잠시 일을 쉬기라도 하면 남자는 위로는커녕 싸늘한 눈초리를 보낸다. 이기적인 남자는 딸의 헌신에 보답하는 대신 본인이 가지고 있는 분노와 불안감, 자기혐오를 쏟아붓고 모욕감을 준다.

돌봄 중독자인 딸은 학대하는 남자를 떠날 수 없다. 끊임없이 자기중심적인 남자를 합리화해주고 이해해주려고 하며 그의 감정을 살피며 동분서주한다. 남자에게 어떤 문제가 생길 때마다 대신 해결해준다. 이처럼 문제가 있는 사람을 돌보아주며 자신의 가치를 확인하는 한 딸은 결코 건강하지 못한 관계를 떠날 수 없다.

딸의 경계선을 자꾸만 무너뜨리는 엄마

경계선이란 무엇일까? 바로 학대자를 포함한 다른 사람들로부터 자신을 지켜주는 안전한 공간이다. 신체적으로 그리고 성적으로 타인과 거리를 두는 외적인 경계선이 있으며, 우리의 감정이나 생각, 행동 등을 보호할 수 있는 내적인 경계선이 있다. 이런 경계선이 있어야 다른 사람들로부터 신체적 폭력이나 성폭력을 낭하는 것을 방어할 수 있고, 또한 다른 사람들의 조종이나 통제에서 자신을 안전하게 보호할 수 있다.

하지만 나르시시스트 엄마는 딸의 경계선을 자꾸만 무너뜨린다.

상대방이 경계선을 지키려 들면 자신이 거부당한다고 느끼며 거칠게 저항한다. 자신과 타인을 독립된 인격체로 구분하지 못하는 까닭이다.

엄마는 딸의 일거수일투족을 알고 싶어 한다. 대학에 다니는 딸의 시간표가 어떻게 되는지, 공강 시간에는 무엇을 하는지, 수업이 끝나면 누구를 만나는지 자기 손바닥 안에 훤히 꿰고 있어야 직성이 풀린다. 과도하게 딸의 귀가 시간을 통제하고, 여러 이유를 들어 친구들과의 만남이나 외부 활동, 연애를 방해한다.

단순히 딸의 시간만 통제하는 게 아니다. 딸 이름으로 날아온 모든 우편물과 택배를 본인이 직접 뜯어봐야 속이 후련하다. 딸의 방을 뒤져 일기장이나 메모를 훔쳐보면서, 우리 둘 사이에는 그 어떤 비밀도 있어서는 안 된다고 주장한다. 딸이 취업하면 딸의 공인인증서와 계좌를 본인이 관리하면서 쥐꼬리만 한 용돈을 주고 생색내는 엄마도 있다. 만약 딸이 이를 거부하고 자신의 영역을 지키려 들면 죄책감이 들게 만들거나 비난하면서 끝까지 침범한다.

자꾸 무시당하는 딸

나르시시스트 부모의 자녀들은 안타깝게도 건강한 경계선을 설정하지 못한다. 부모로부터 건강한 경계선을 설정하는 방법을 배우지 못했기 때문이다. 딸은 누군가가 나를 학대하거나 무시할 때, 어떻게 행동해서 나를 방어해야 하는지 알지 못한다. 누군가 자신의 경계선을 침범할 때 할 수 있는 일이라고는, 내가 어떤 잘못을 했는지 곱씹어보거나 그저 묵묵히 상황을 견디는 것뿐이다.

나르시시스트 엄마는 딸이 다른 사람들에게 학대받아도 지켜주지 않는다. 나르시시스트 엄마를 둔 딸 가운데 성장하면서 아버지나 오빠, 다른 남자 친척에게 성추행이나 성폭행을 경험한 사람들이 종종 있다. 성적 학대를 받은 딸에게 나르시시스트 엄마는 이차 학대를 가하는데, 바로 딸이 학대받는 사실을 알면서도 모르는 척하는 것이다. 설사 딸이 큰 용기를 내어 피해 사실을 말해도 못 들은 척 딴소리를 하거나 별것 아니라는 식으로 대응한다.

고립되거나 학대당하거나

부모에게서 건강한 경계선의 기준을 배우지 못한 딸은 거꾸로 극단적인 경계선을 가지게 된다.

딸은 (A)와 같이 외부 사람들로부터 자신을 철저하게 차단해버릴 수 있다. 이 경우 외부의 학대로부터 자신을 보호할 수는 있지만

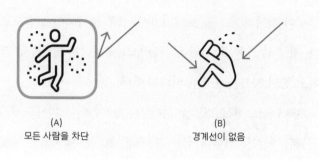

(A)
모든 사람을 차단

(B)
경계선이 없음

건강하지 못한 경계선*

다른 사람들과 친밀한 관계를 만들 수 없다. 또한, 주변 사람들과 거리를 둠으로써 거꾸로 다른 사람을 학대할 가능성도 있다.

혹은 (B)와 같이 경계선을 전혀 세우지 못하거나, 일부 망가진 경계선을 가지고 있을 수도 있다. 다른 사람의 부적절한 행동을 저지하지 못하고 다 받아주게 되는 것이다. 이런 경우 친구나 연인에게 지속적인 학대를 받게 되고 이를 무력하게 허용해버린다.

호랑이 피하려다 귀신 만난 딸

건강하지 못한 경계선은 딸의 연애를 두 가지 측면에서 방해한다. 하나는 건강한 남성을 배척하는 것이다. 건강한 남성이란, 딸의 경계선을 지켜주고 딸의 의사를 존중해주는 남성을 의미한다. 이런 남성이 딸에게 호감을 보이면 딸은 매우 소극적인 모습으로 대처한다. 결국 남성은 '이 사람은 나를 별로 좋아하지 않는구나'라고 생각하고 딸의 의사를 존중해 떠나게 된다.

반면, 나르시시스트 남성은 딸의 경계선이나 의사를 존중해주지 않는다. 수시로 연락하거나 찾아오고, 핸드폰 메시지를 일일이 들여다보고, 누구를 만나는지 사사건건 간섭하면서 경계선을 자꾸만 침범한다. 자신의 경계선을 침범하는 사람을 어떻게 거절하는지 배우지 못한 딸은 묵묵히 견딜 뿐이다.

평생 엄마를 돌봐온 딸은 학대자에게 매우 매력적인 대상이다. 공감 능력이나 이타심, 동정심이 매우 뛰어나서다. 보통의 자녀라면 혀를 내두르고 벌써 뛰쳐나갔을 집안에서 구심점 역할을 하며 가족을 돌볼 정도로 높은 인내심도 가지고 있다. 학대자는 목표물을 정할 때, 상대의 인내심이나 공감 능력을 테스트하는데, 안타깝게도 엄마를 평생 돌봐온 딸은 이 테스트에 곧바로 합격한다.

냄비에 고구마를 찌는 모습을 상상해보자. 냄비 속에 있는 여러 고구마를 차례대로 하나씩 찔러보면 어떤 고구마가 잘 익었는지 알 수 있다. 학대자는 이처럼 고구마를 젓가락으로 찔러보듯 사람들 사이를 이리저리 헤매고 다니며 이 사람 저 사람 훅훅 건드려본다. 그러다 푹 들어가는 사람이 있으면 그 사람을 목표물로 정한다. 건강한 경계선이 세워진 사람은 학대자의 공격을 적절히 방어할 수 있다. 하지만 나르시시스트 엄마의 딸은 자신의 목소리를 크게 내지 못하고, 누군가 경계선을 침범해도 그대로 당해버린다. 안타깝게도 학대자는 이 차이를 금방 눈치챈다.

남자를 질리게 만드는 딸의 집착

나르시시스트 엄마의 딸은 많은 경우 연애할 때 연인에게 과도하게 집착하고 통제하려 든다. 남자친구가 여성 동기나 동료와 어울릴 때마다 촉각을 곤두세우고, 회식하러 간 남자친구에게 끈질기게 전화하며 괴롭힌다. 남자친구가 다른 여성과 문자를 주고받으면 갑자기 핸드폰을 뺏어 들어 "이 사람은 여자친구가 있으니 앞으로 연락하지 마세요!"라고 막무가내 통보하기도 한다.

남자친구가 사정이 있어 전화를 바로 못 받거나 메시지 답장을 못 해주면 불안감에 휩싸여 계속해서 연락한다. 남자친구의 존재와 사랑을 일분일초마다 느끼길 원하고, 잠깐이라도 공허함이 느껴지면 스토커처럼 집착하기 때문이다. 또, 연인에게 거절당하는 기분이 들면 거꾸로 자신을 비난하기도 한다.

딸은 불안정 애착

스스로 생존할 수 있는 능력이 없는 어린아이는 자신을 돌보아주고 보호해줄 수 있는 주 양육자에게 철저하게 의존해야만 한다. 아이는 정서적 환경과 돌봄 수준에 따라 저마다 다른 생존 전략을 가지게 된다.

이런 생존 전략을 애착 이론이라고 부른다. 영국의 정신분석가 존 볼비(John Bowlby)가 처음으로 만든 애착 이론은, 지금까지 수백 건의 논문과 수십 권의 책을 통해 확인된 바 있다. 볼비는 어린 시절 형성된 애착 유형이 인생 전반에 영향을 준다고 말한다. 즉, 성인이 된 우리가 연애할 때 어떤 방식으로 행동할지 이미 프로그램되어 있다는 것이다.

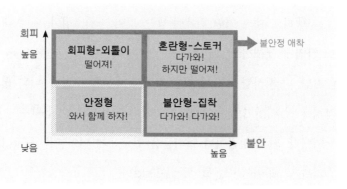

애착 유형*

애착 유형은 크게 안정형 애착과 불안정형 애착(불안형/혼란형)으로 나뉜다. 여러분이 앞서 본 그래프의 '불안'과 '회피' 축에서 어디에 위치하는지에 따라 애착 유형이 결정된다.

만약 당신이 불안한 상황에 놓여 있다면, 아마 한 사람에게 많은 시간과 에너지를 쏟으려 하지 않을 것이다. 상대방이 오랫동안 나와 함께하지 않을 것이기 때문에 애착이 덜하고 빨리 이동하는 전략을 사용할 것이다.(회피) 두 번째 선택은 이와 반대의 전략이다. 바로 애착 대상에게 과도하게 집착하는 것이다.(불안) 전체 인구의 50퍼센트 이상이 안정형이며, 약 20퍼센트는 불안형이고, 25퍼센트는 회피형이다. 나머지 3~5% 정도가 가장 드문 유형인 혼란형이다.[*]

안정형(낮은 회피, 낮은 불안)

—나는 혼자 있어도 좋고 너와 가까이 있어도 좋아.

따뜻하고 애정 어린 관계를 맺는 것이 자연스럽다. 나에 대해서도 타인에 대해서도 긍정적으로 생각한다. 혼자 있는 것이 두렵지 않지만, 다른 사람과 함께 있는 것에도 불편함이 없다. 나의 필요나 감정을 잘 이야기할 수 있고, 연인의 감정을 읽고 반응해주는 데도 뛰어나다. 나의 성공이나 어려움을 친구에게 털어놓을 수 있고, 친구가 원할 때 이야기를 들어줄 수도 있다.

불안형(낮은 회피, 높은 불안)

—관계를 맺고 싶어! 왜 내게서 도망가려고 해?

자신을 신뢰할 수 없고, 스스로 괜찮은 사람이라고 생각하지 못한다. 누군가가 절대적으로 필요하다. 상대에게 과도하게 집착하려 한다. 연인의 작은 감정이나 행동에 예민하게 반응하며, 쉽게 기분이 나빠진다. 하지만 상대에게 다가가면 다가갈수록, 상대는 멀어진다.

회피형(높은 회피, 낮은 불안)

—독립적으로 혼자 지내고 싶어!

다른 사람을 신뢰할 수 없으며, 혼자서도 충분하다고 생각한다. 다른 사람과 가까워질 때 불편함을 느낀다. 관계에 대해 혹은 상대에게 거절당할까 봐 걱정하는 데 시간을 낭비하지 않는다. 차갑고 방어적이며 자신의 감정을 잘 드러내지 않는다. 개인적인 영역이 침범당한다고 생각되면 위기를 느낀다.

혼란형(높은 회피, 높은 불안)

—가까이 와줘! 그만 떨어져!

자신을 신뢰할 수 없지만, 다른 사람도 믿을 수 없다. 자신을 혐오하면서도 타인을 신뢰할 수 없는 상황에 놓여 있기 때문에 혼란스러운 감정을 느낀다. 사랑하고 싶지만, 상대가 너무 가까이 오면 상처를 줄 수 있다.

정서적으로 또는 신체적으로 학대당하는 어린아이는 끔찍한 딜레마에 빠지게 된다. 생존본능은 아이에게 안전한 사람에게 의존해야 한다고 말한다. 그러나 아이가 의지해야 하는 부모는 학대하거나 무시하거나 방관하거나 자신의 트라우마와 상실감을 자녀에게 전가하는 위험한 존재다. 이렇게 혼란스러운 상황에서 자녀들은 부모로부터 혼란형 애착을 발달시킨다.

집착하는 나, 도망가는 남자친구

안정형 애착 유형은 안정형 애착 유형과 연애를 하고, 불안정형 애착 유형은 불안정형 애착 유형과 연애하는 경향이 높다. 당신이 불안정형 애착을 가지고 있다면 불안정형 애착을 가진 사람을 만나고 연애해왔을 확률이 높다.

안정형-안정형 커플 다음으로 가장 많이 볼 수 있는 커플은 바로 불안형-혼란형이다. 이 둘은 서로 정반대지만 만나는 경우가 매우 흔하며 관계가 오랜 시간 지속된다.

만약 여러분이 불안형이라면 절대 만나면 안 될 대상은 회피형이다. 여러 연구 결과*에 따르면 불안정형 애착을 가진 아이 중, 남자

아이는 회피형 비율이 높고, 여자아이는 불안형 비율이 높았다. 나르시시스트 엄마로부터 성장한 딸의 경우, 불안형 애착을 가질 가능성이 큰 것이다. 이런 성향의 딸은 연애할 때 상대에게 과도하게 집착하게 된다. 잠시만 연락이 안 되어도 '이 사람이 나와 헤어지려는 게 아닐까?' 하고 위협을 받기 때문이다. 하지만 회피형은 가깝고 친밀할수록 상대에게 위협을 느끼기 때문에 불안형 딸로부터 끊임없이 벗어나려 한다.

불안형-회피형 커플은 무한루프에 갇혀 있다. 불안형 딸이 다가갈수록 회피형 남성은 한 걸음씩 뒤로 물러선다. 자꾸 비밀을 만들고, 피하고, 거부한다. 회피형 남성은 거리를 두려 하고, 불안형 딸은 계속해서 주위를 맴돈다. 쫓고 쫓기는 톰과 제리 같은 추격전이 벌어지는 것이다. 친밀감이 채워지지 않는 불안형 딸은 언쟁을 벌인다.

"도대체 뭐가 문제야? 무슨 일이야? 이유를 말해줘. 우리 대화로 해결해봐."

하지만 회피형 남성은 문제를 해결할 생각이 없다. 회피형은 가까운 사람에게 더 큰 위협을 느낀다. 이 때문에 가까워지려는 불안형 연인에게 함부로 대하기도 한다. 불안형 딸이 집착할수록 회피형 남성은 자꾸 거리를 두고 계속해서 비밀을 만든다. 둘의 갈등은 쉽사리 해결되지 않는다. SBS 드라마 〈시크릿 가든〉의 OST '그 여자'의 가사와 똑같은 상황이 연출되는 것이다.

한 여자가 그대를 사랑합니다. 그 여자는 열심히 사랑합니다.

매일 그림자처럼 그대를 따라다니며 그 여자는 웃으며 울고 있어요.

(중략)

난 사랑받고 싶어 그대여 매일 속으로만 가슴속으로만 소리를 지르며

그 여자는 오늘도 그 옆에 있대요.

(중략)

조금만 가까이 와 조금만. 한 발 다가가면 두 발 도망가는

널 사랑하는 난 지금도 옆에 있어 그 여잔 웁니다.

집착녀와 회피남이 서로 만나는 이유

불안형은 감정 기복을 사랑과 헷갈린다. 감정적 고조와 긴장을
진짜 사랑이라고 생각한다. 회피형과의 연애는 메마른 사막을 걷는
일과 같아서 불안형은 결코 본인이 원하는 강한 친밀감을 느낄 수
없다. 하지만 아주 가끔 사막에서 작은 오아시스를 발견하듯 작은
관심이나 애정을 느끼는 순간은 있다. 불안형은 이렇게 인색하고 작
은, 그리고 언제 나타날지 모르는 사랑에 중독되어버린다.

회피형이 주는 사랑은 안정적이고 지속적이지 않으며 간헐적이
다. 놀라운 점은, 오히려 불규칙하고 예상할 수 없는 간헐적 보상이 따

를 때 쉽게 중독된다는 사실이다. 예를 들어, 실험실 쥐에게 막대를 누를 때마다 먹이가 나오거나, 10번 누를 때마다 먹이가 나오거나, 10분마다 먹이가 나오는 일정한 조건을 준다고 가정해보자. 그러면 쥐는 어느 정도 막대를 누르다가 멈춘다. 반면, 보상 패턴을 예상하기 어렵게 만들어놓으면, 쥐는 다시 먹이가 나오지 않더라도 계속해서 막대를 누른다. 즉 보상 패턴을 예측할 수 있을 때, 쥐가 막대를 덜 누르는 것이다. 도박에 중독되는 상황도 이와 비슷하다. 도박은 칩을 1개 딸지 잃을지, 아니면 천 개 딸지 잃을지 예상할 수 없지 않은가!

불안형은 롤러코스터를 탄 듯한 감정의 고조를 진짜 사랑이라고 느낀다. 그래서 정직하게 자신의 감정을 표현하는 안정형 남자를 만나면 이런 말을 한다. "남자로 느껴지지 않아." 그러나 안타깝게도 이들이 원하는 운명적인 사랑은 단지 누군가를 계속해서 집착하도록 어렸을 때부터 프로그래밍이 된 불안형 애착 시스템이 가동한 결과일 뿐이다.

이들은 불안형 애착 시스템을 가동해줄 나르시시스트 같은 나쁜 남자나 회피형 남자를 만나면서 '나는 평범한 사람들은 하지 못하는 운명 같은 사랑을 하고 있어'라고 믿는다. 온 우주가 둘을 방해하지만 영원히 서로를 그리워하는 이야기 속 비련의 여주인공이 되어 자신의 감정을 진짜 사랑이라 믿는다.

집착과 회피를 반복하는 혼란형

혼란형은 불안이 높다는 특징이 있어서 불안형 연애와도 비슷하다. 외로움을 견디지 못하고 끊임없이 관계를 찾아 헤맨다. 스스로 자존감이나 확신, 정체성을 확인할 수 없어서 끝없는 사랑과 애정으로 나를 돌봐줄 사람을 찾는다. 즉 완벽하게 나를 돌보아줄 연인을 찾는 것이다. 혼란형은 친밀감을 추구하긴 하지만 극심한 분노, 걷잡을 수 없는 감정 기복, 흑백논리와 같은 행동 문제를 가지고 있다. 이런 경향은 누군가와 친밀한 관계를 만들고 유지하는 데 방해가 된다.

혼란형의 연애는 롤러코스터와 같다. 친밀한 관계에는 숨이 막히지만 잠시 거리를 두면 마치 부모에게 버림받은 어린아이같이 두려움을 느낀다. 또, 버림받는다는 두려움이 크기 때문에 상대가 이별을 고하기 전에 먼저 이별을 통보해버리곤 한다. 그편이 훨씬 덜 고통스럽기 때문이다.

안정형 애착으로 가는 길

당신이 불안정 애착 유형이라고 하더라도 너무 걱정할 필요는 없다. 개인이 가지고 있는 애착 유형은 일정하게 유지되지만, 유연성이 있어 충분히 바꿀 수 있다. 성인의 70~75퍼센트는 일정한 애착 유형을 유지하지만, 연애 경험을 통해 원래의 유형이 바뀔 수도 있다.

가장 좋은 방법은 안정형과 연애를 하면서 대화하는 법, 나와 상대를 신뢰하는 법, 건강한 관계를 맺는 법을 배우는 것이다. 부모와 안정 애착을 형성하지 못했다면 안정형과의 연애를 통해 친밀하고 안정적인 관계를 맺는 연습을 해볼 수 있다.

안정형과 연애가 힘든 경우, 심리상담이 도움이 된다. 전문 심리상담사는 안정적이고 지속적으로 당신을 지지해주고, 불안한 생각이나 행동을 교정하는 데 도움을 줄 수 있다. 자기 생각이나 감정을 타인에게 올바르게 전달하는 연습을 할 수도 있다.

재미와 성취 사이, 삶의 균형 찾기

썸머의 힐링 과제

4

과잉성취형 딸: 재미를 느끼는 법을 배우자

가족 안에서 영웅이나 돌보는 자 역할을 수행해왔다면 이제부터는 의식적으로 나 자신을 돌보도록 노력해보자. 새로운 것을 마구 시도해보자. 성취나 도전과는 전혀 관계없는, 유치하고 시간 낭비 같은 목표, 평소의 나라면 감히 해볼 엄두를 내지 못했을 일탈적인 활동을 해보자. 스스로 정해놓은 규칙을 깨고 잠시 망가진 생활을 해도 좋다. 추천하고 싶은 활동은 치킨과 맥주를 앞에 두고 밤새 드라마 몰아 보기, 네일아트 받기, 번지점프하기, 클럽에서 밤새도록 놀기, 사교댄스 배우기, 배낭여행 떠나기 등이다.

TO DO LIST

1 --

2 --

3 --

4 --

5 --

6 --

7 --

8 --

9 --

10 --

자기방임형 딸: 성취의 기쁨을 배우자

한번은 이렇게 말하는 구독자를 만난 적이 있다. "제가 자기방임형으로 아무 목표 없이 무기력하게 살았는데 썸머 님 영상을 보고 깨달았어요. 다음 주부터 뮤지컬 배우 오디션을 보려고요! 물론 저는 나이는 많고요, 연기나 노래를 정식으로 배워본 적은 없는데, 제 재능을 믿어보려고요."

긍정적인 변화는 반가운 일이지만, 나는 이렇듯 갑작스레 큰 도전을 시작하려는 사람들은 말리는 편이다.

자기방임형 딸은 일단 아주 작은 것부터 성취하며 성취감과 승리감을 맛봐야 한다. 이것을 '승자효과'라고 한다. 작은 목표를 자꾸 이루다 보면 자신감이 생기고, 더 많은 성공을 이룰 수 있게 된다. 너무 거창한 목표 대신, 몇 주 혹은 몇 달만 노력하면 이룰 수 있는 작은 목표를 세워보자.

토플 점수 100점 이상 맞기, 20킬로그램 이상 감량, 명문대학 합격 같은 큰 목표는 잠시 접어두자. 목표는 아주 작을수록 좋다. 예를 들어, 한 달 동안 요가 수업 빠지지 않기, 주말에 라면과 탄산음료 안 먹기, 하루 한 번씩 산책하기 같은 수준 말이다. 그러다가 점차 수영 초급반 수료, 마카롱 만들기 원데이 클래스 수강하기, 운전면허 취득, 우쿨렐레 배우기 등으로 발전시켜나가면 좋다.

TO DO LIST

1 --

2 --

3 --

4 --

5 --

6 --

7 --

8 --

9 --

10 --

생활 패턴 바꿔나가기

다음 표에 먼저 현재의 일과를 적어보자. 과잉성취형의 경우라면 꼭 필요한 것만 남겨두고 성과와 관련된 목표는 지우자. 그리고 재미 일과를 넣어주자. 자기방임형은 반대로 성과 목표를 넣어주자.

새로운 활동을 하다 보면 자기도 몰랐던 숨겨진 재능을 발견할 수 있다. 자연스럽게 재미와 성취 영역이 내 삶에서 균형을 이룰 때까지 의식적으로 일정을 짜보자.

	7 AM	9 AM	11 AM	1 PM	3 PM	5 PM	7 PM	9 PM	11 PM
토									
금									
목									
수									
화									
월									
일									

5장

이기적이어도 괜찮아!

저는 왜 엄마를 용서하지 못할까요?

엄마와의 관계에서 얻은 상처로 힘들어하는 딸이 많이 듣는 말은 바로 부모를 용서하라 혹은 이해하라는 이야기다. 나 역시 이런 메시지를 많이 들었었다. 만약 여러분이 종교의 힘으로 슬픔을 극복하려 했다면 이 딜레마에 더욱 깊이 빠져 있을 수 있다. 종교에서는 용서야말로 진정한 치유로 가는 길이라 말하기 때문이다.

나 또한 부모를 용서해야만 이 고통이 끝이 난다고 생각했다. 하지만 아무리 노력해도 도저히 용서되지 않았다. 오늘은 용서하자고 마음을 다잡아도 내일이면 다시 분노가 치밀어 올랐다. 도대체 나는 왜 이렇게 지난 일에 얽매이고, 바꿀 수 없는 과거에 사로잡혀 있을까 하는 자괴감에 사로잡혔다.

지금까지 당신이 들어온 주변 사람들의 조언은 잘못되었다. 용서에는 '단계'가 있다. 학대자를 용서하기 위해서는 점진적인 단계가 필요하다. 하지만 우리는 모든 단계를 건너뛰고 곧장 맨 마지막 단계인 용서로 넘어가려 시도해왔다. 용서하면 모든 문제가 다 해결되리라 믿었다. 이제 진실을 직시하자. 섣부른 용서로는 피해자가 품고 있는 내면의 문제가 해결되지 않는다.

용서의 첫 시작, 엄마로부터의 분리

학대자로부터의 분리 → 객관화 → 트라우마 극복 → 용서

용서의 단계

용서의 출발은 바로 학대자와 분리되는 것이다. 더는 학대자가 나를 학대하거나 착취하지 않도록 막는 것이 시작이다. 학대자로부터 분리되어야 하는 이유는 무엇일까. 학대자와 계속해서 한 공간에 산다면 언제나 피해자가 학대자를 이해해주고 합리화해주려 들기 때문이다. 나를 학대하는 사람, 내 인생을 망가뜨린 사람이 해주는 밥을 먹고 한집에서 살 수 있을까? 그럴 수 없다. 그래서 피해자는 자꾸 자신에게 최면을 건다. '이 사람은 그럴 수밖에 없었어.'

두 번째 이유는 학대자의 조그만 제스처에도 트라우마가 자꾸 떠올라서다. '자라 보고 놀란 가슴 솥뚜껑 보고 놀란다'라는 속담이 있다. 학대자가 분노를 표출하지 않아도 피해자는 자꾸만 긴장하게 된다. 학대자가 조금만 표정을 바꾸어도 움찔한다. 그렇기 때문에 빠른 회복과 치유를 위해서는 한집에서 살지 말고 다른 공간에서 떨어져 사는 것이 좋다.

용서하기 위해서는 먼저 여러분이 학대자로부터 더는 학대를 받지 않아야 한다. 절대 예전의 관계로 되돌아가서는 안 된다. 그러면서 여러분의 아픔이나 상처를 치유해야 한다.

이 과정에는 몇 개월이 걸릴 수도, 몇 년이 걸릴 수도 있다. 용서는 반드시 해야 하는 과제가 아니다. 전적으로 여러분의 선택이다. 모든 고통스러운 과정이 끝나고 비로소 회복되었을 때, 그때 스스로 선택하는 수단이다.

분노를 억누르고 외면하지 말자

치유와 회복을 위해서는 지난 사건을 객관적으로 바라보아야 한다. 이건 사실 매우 슬픈 단계다. 지난 일을 직면한다는 것은 매우 고통스러운 과정이다. 트라우마를 극복하기 위해서는 당시 느꼈던 고통과 슬픔을 다시 느껴야 한다. 이 때문에 많은 사람이 객관화와 트라우마 극복 과정을 건너뛰려 한다. 그리고 용서가 주는 평안함을 취하려 서두른다.

우리는 분노를 포함한 슬픔, 외로움, 억울함 등의 많은 감정을 억누르고 살아왔다. 하지만 아무리 애써 외면한다고 한들 그런 감정은 절대 사라지지 않는다. 우리의 마음 깊은 곳에 자리 잡은 채 점점 커지고 강력해질 뿐이다. 그리고 어느 날, 매우 부적절한 방법으로 튀어나온다.

이렇듯 고통스러운 치유 작업을 피하고자 많은 사람이 용서를 선택한다. 용서를 해야 내가 치유되며, 결국 모두 행복해질 거라는 환상에 빠진다. 과거를 묻어둔 채 행복한 미래를 꿈꾼다. 하지만 결국은 반복되는 희망 고문 속에서 실망감만 느낄 뿐이다. 이제는 아니다. 절대로 자신이 받았던 상처를 과소평가하고 외면해서는 안 된다.

용서하지 않기로 선택할 권리

나는 초등학교 3학년 때 신발주머니를 잃어버렸다고 엄마에게 호되게 혼이 난 경험이 있다. 나는 전교에서 유일하게 초등학교 3학년 때까지 유치원 졸업식에서 받았던 신발주머니를 들고 다닌 학생이었다. 예쁜 캐릭터 대신 유치원 이름과 전화번호가 대문짝만 하게 인쇄되어 있었다. 나도 친구들처럼 사랑스러운 공주가 그려진 신발주머니를 갖고 싶었다. 하지만 3년 동안 한 번도 조른 적이 없었다.

그러다 신발주머니를 잃어버린 어느 날, 나는 엄마에게 이야기했다. 누군가 신발주머니를 가져간 것 같다고. 실내화는 내가 신고 있어서 잃어버리지 않았으니 신발주머니만 새로 사면 될 것 같다고.

내 이야기를 들은 엄마는 순간적으로 돌변해 고래고래 소리를 지르기 시작했다. 막말과 욕설을 퍼부으면서 자기 몸을 주체하지 못하는 듯 발을 동동 구르고 손을 획획 휘저었다. 나는 그저 고개를 푹 숙인 채 이 시간이 어서 지나가기만 바랄 뿐이었다. 신발주머니가 있어야 다음 날 학교에 갈 수 있으니까.

20분이 지났을까, 40분이 지났을까? 엄마는 그제야 진정하고 내게 돈 5천 원을 내주었다. 그리고 나는 3년 만에 공주가 그려진 빨간 신발주머니를 얻을 수 있었다. 하지만 기쁨도 잠시. 집으로 오는 길에 너무 화가 나서 신발주머니를 뻥뻥 발로 찼다. 왜 내가 그런 화를 감당해야 하는지 도무지 이해할 수 없었다.

그런 일은 무수히 반복되었다. 오랫동안 쓰던 안경테가 부러지거나, 설거지하다가 그릇을 깨먹는 등 작은 실수를 해도 나는 수십 분혹은 며칠 동안 엄마의 폭언을 들어야 했다. 초등학생 아이가 안경을 한 번도 망가뜨리지 않고 관리하기란 어려운 노릇이다. 어린 내가 설거지를 하기에는 사기그릇이 너무 크고 무거웠다. 하지만 나는 아무런 변명도 하지 못하고 엄마의 비난과 분노를 온몸으로 받아내야 했다.

내가 성인이 되어서도 엄마의 분풀이는 끝나지 않았다. 그러다 엄마와 분리되었을 때, 그리고 내가 아이를 키우며 아이가 엄마에게 어떤 존재인지 알게 되었을 때, 비소로 나의 과거를 객관적으로 바라볼 수 있었다. 내가 느꼈던 슬픔과 아픔을 직면하고, 두려움에 떨었던 10살짜리 여자아이를 위로해줄 수 있었다.

그건 매우 고통스러운 작업이었다. 그러나 나는 이 과정을 수년째 이어가고 있다. 지금은 거의 트라우마가 떠오르지 않지만 수십 년간 지속적으로 학대받았기 때문에 여전히 불쑥불쑥 잊고 있던 사건이 되살아나곤 한다. 그럴 때마다 나는 외면하지 않고, 가만히 나의 감정을 느낀다. 그 모두가 너의 잘못은 아니라고 나에게 이야기하면서.

나는 어린아이를 학대했던 엄마의 행동이 용서받거나 합리화될 수 없음을 인정한다. 엄마의 행동이 어린 나에게 얼마나 큰 상처를 남겼고, 성인이 된 지금의 나에게 어떤 영향을 끼쳤는지 생각한다. 분노나 슬픔을 고스란히 느낀다. 엄마를 용서하려고 애쓰고, 기도하고, 성경 말씀을 읽을 때보다, 분노를 받아들인 지금이 훨씬 행복하다. 훨씬 덜 우울하고 덜 불안하다.

지금까지 여러분은 충분히 힘들게 살아왔다. 나를 학대한 사람을 용서하기 위해 더 이상 뼈를 깎는 고통을 감내하지 말자. 나르시시스트 엄마가 여러분에게 했던 행동은 일어나서는 안 되는 일이었다. 그런 행동을 합리화하거나 이해해주어서도 안 된다. 나의 아픔과 어려움을 인정하자. 부정적인 감정을 직면하자. 상처받은 내 모습을 똑바로 보고 안아주자.

엄마를 용서하기까지

용서는 치유의 목적이 되어서는 안 된다. 용서하기 위해 자신을 압박할 필요도 전혀 없다. 하지만 만약 혹시라도 엄마를 용서할 수 있겠다는 감정이 든다면, 우리의 치유 작업이 잘 진행되고 있다고 볼 수 있는 증거다.

한 가지 주의해야 할 점이 있다. 당신이 엄마를 용서했다거나 용서하기로 선택했다고 하더라도, 절대 예전의 관계로 되돌아가서는 안 된다. 일반적으로 용서와 화해를 거치면 다시 예전의 관계로 돌아가게 된다. 하지만 나르시시스트 엄마와는 심리적으로 그리고 물리적으로 거리를 두고 나 자신을 보호해야 한다.

나르시시스트 엄마와 딸은 수십 년간 같은 패턴을 반복해왔다. 엄마는 딸을 학대하고, 딸은 엄마를 돌보아주었다. 오랫동안 이어진

관계이기 때문에, 다시 사이가 가까워진다면 이 둘은 저절로 서로에게 가장 익숙한 위치로 되돌아가게 된다.

당신은 엄마가 당신을 계속해서 학대하도록 내버려 두면 안 된다.

애도하기

엄마를 용서한다는 의미는 어쩌면 여러분이 엄마에게 품었던 희망과 기대를 다 내려놓는 것이다. 내가 원하는 모습의 엄마와 친밀한 관계를 맺고 싶은 욕구 자체를 버리는 것이다. 혹은 내가 원하는 모습의 엄마를 가지고 싶은 욕망을 버리는 일일 수도 있다.

여러분은 오랫동안 아주 좋은 엄마와 함께 산다는 환상에 빠져 있을 수 있다. 아니면 내가 엄마를 변화시키는 행동을 하고 있다고 믿고 있을 수 있다. 하지만 엄마는 절대로 변하지 않는다. 이 사실을 받아들였을 때, 여러분은 훨씬 더 빨리 고통에서 벗어날 수 있다.

그리고 이제 충분히 슬퍼하자. 나를 낳아주고 길러준 엄마를 상실했다는 사실을 애도하자. 엄마로 인해 마땅히 가졌어야 할 내면의 가치를 상실했다는 사실에 슬퍼하자. 내가 잃어버린 것들에 충분히 분노하고 아파해주자.

엄마와의 인연을 끊어도 될까요?

엄마와의 관계를 유지하거나 정리하는 좋은 방법이 있을까. 반드시 엄마와 인연을 끊을 필요는 없다. 이번 챕터에서는 학대자 엄마와 딸이 맺을 수 있는 관계 세 가지를 살펴보자.

1. 유지(현재의 만남과 연락을 그대로 유지)
2. 최소 접촉(만남과 연락을 최소화)
3. 접촉 차단(만남과 연락을 완전히 차단)

각 방법은 장단점이 있다. 각자의 상황과 현실에 가장 유리한 방법을 선택하자. 여러분이 어떤 방법을 선택하든, 나르시시스트 엄마는 이를 저지하고 여러분이 정한 규칙을 무너뜨리려 시도할 것이다.

여러분에게 결정권이 있다는 사실 자체를 인정할 수 없기 때문이다. 여러분이 규정한 관계를 지키며 침범하는 엄마를 저지하기 위해서도 많은 에너지가 들어간다.

유지

현재의 관계를 그대로 유지하는 것이다. 여러분이 미성년자여서 부모로부터 당장 독립하기 어렵거나, 부모님이 연로하여 돌봐드려야 하는 경우에 선택할 수 있다. 최대한 상처를 덜 받는 방법으로 현재의 관계를 유지할 수 있다는 가장 큰 장점이 있다.

유지 방법에서는 다음과 같은 전략을 사용한다.

1. 엄마의 나르시시스트 게임에 휘둘리지 않는다.

학대자의 행동이나 말을 개인적으로 받아들이지 말고 객관적으로 바라보자. 엄마가 여러분에게 "너는 너무 무섭구나"라고 말한다면 '아~ 본인 자신을 무서운 존재라고 생각하는구나. 그걸 나에게 뒤집어씌우려 하는구나' 하고 알아차리는 식이다. 잘못된 죄책감, 책임감, 수치심을 갖는 것을 피할 수 있다.

혼란	수치심 주기	죄책감 씌우기	추측 "너는 내게 고마워하지 않는구나!"	가스라이팅
추억 소환하기 음악, 사진, 추억 등을 이용	보상	벌	깎아내리기	말 돌리기
침묵	후버링	피해자 코스프레	과시	차별
눈물	비난 전가	가짜 사과	분노	조종
폭력	협박	거짓 소문	플라잉 몽키	돌봄

나르시시스트 빙고게임*

위의 빙고 판을 머릿속에 집어넣고, 엄마를 상대할 때 게임을 해 보자. 객관적으로 나르시시스트의 패턴을 간파해내자!

2. 감정적인 반응을 하지 말자.

결코 감정을 드러내선 안 된다. 나르시시스트는 다른 사람의 감정을 빼앗아가는 감정 뱀파이어다. 우리와 마찬가지로 나르시시스트는 다른 사람으로부터 칭찬과 애정, 관심 등 긍정적인 감정을 받기를 원한다.

긍정적인 감정을 받지 못한 나르시시스트라면 부정적인 감정이라도 얻어내려 할 것이다. 만약 당신에게 누군가 찾아와서 "제발 나를 내버려 둬! 네가 내 인생을 망쳤어! 넌 파괴자야!"라고 울부짖는다고 상상해보자. 매우 끔찍한 기분이 들 것이다. 하지만 나르시시스트는 머릿속으로 이렇게 생각한다. '역시 너는 나라는 존재를 무시할 수 없구나!' 나르시시스트는 그 순간 자신의 영향력을 느끼며 기뻐한다.

여러분이 감정적인 반응을 보이지 않는다면 나르시시스트 엄마는 당신의 감정 버튼을 마구 눌러대며 부정적인 감정을 얻으려 노력할 것이다. 감정 버튼이란 여러분이 싫어하는 사람이나 언급하고 싶지 않은 치부다. 나르시시스트 엄마는 의도적으로 딸의 예전 남자친구나 전남편의 근황 이야기를 하거나, 사람들 앞에서 딸의 민감한 이야기를 흘리고 다닐 것이다.

엄마가 감정 버튼을 누르려 시도한다면 '주제 바꾸기'를 추천한다. 최대한 평정심을 유지하고 예의 바르게 대해라. 감정을 표출하는 것은 이들에게 먹이를 주는 행위와 다름없다.

3. 피상적인 대화를 하자.

당신의 성공이나 실패담을 나누어선 안 된다. 당신의 성공을 별 것 아니라는 식으로 깎아내릴 것이다. 혹은 그 공을 자기 것으로 가로챌지도 모른다. 이와 반대로 당신의 실패에 대해서는 이 세상 누구보다도 맹렬하게 비난할 것이다.

피상적인 대화를 나눠라. 날씨에 관해 이야기해라. 여러분의 감정이나 근황을 전하거나, 정서적 지지와 지원을 기대하지 마라. 그저 엄마가 말하도록 내버려 둬라.

엄마가 여러분이 변했다고 불평할 수도 있다. 만약 엄마가 "너는 요즘 친구들 만나는 데만 열심이고, 엄마한테는 소홀하구나" 하고 말한다면 다른 주제로 넘어가자. "어, 그래? 내가 요즘 친구들을 자주 만나나? 봄이라 경조사가 많아서 그런가? 아! 엄마, 근데 계모임은 이번 달에 언제 해요? 며칠 전 산 원피스 입고 나가시면 예쁘겠네요"라고 말하며 엄마와 관련된 주제로 넘겨버리는 것이 좋다.

최소 접촉

최소 접촉, 이른바 'Low Contact'는 가장 많은 딸이 선택하는 방법이다. 엄마와의 만남을 최소화하면서, 엄마와 다른 가족과의 관계를 유지할 수 있다는 장점이 있다. 하지만 엄마는 계속해서 딸이 정한 규칙과 경계선을 침범하려 하므로 엄마를 저지하는 데 상당한 에너지가 소진된다.

1. 내가 정한 만남과 연락의 기준을 통보하자.

만약 여러분의 엄마가 자녀를 방임하는 유형이라면 특별한 통보 없이 만남과 연락을 줄이면 된다. 엄마는 여러분이 만남을 제한하려 한다는 사실조차 눈치채지 못할 것이다. 이런 엄마의 반응은 사실 엄마에게 복수하려고 했던 딸에게 더 큰 충격과 상처를 줄 수도 있다. 내가 엄마에게 별 의미 없는 존재였다는 사실을 확인하는 건 마음 아픈 일이다.

그러나 만약 여러분의 엄마가 집착하는 유형이라면 조금 다르게 접근해야 한다. 당신이 연락이나 만남을 줄이려 한다면 엄마는 금방 눈치채고 저항할 것이다. 그래도 여러분은 만남 횟수를 이 정도 수준으로 줄여야 한다고 강력하게 통보해야 한다. 물론 엄마는 받아들이지 못할 것이다. 분명히 말씨름을 하거나 끊임없이 가스라이팅을 할 것이다. 모두 여러분을 혼란스럽게 만들기 위해서다.

2. 내가 정한 기준을 지키려 노력하자.

최소 접촉은 정말 힘든 옵션이다. "내 옛 남자친구 이야기는 그만해줘" "남편 흉은 보지 말아줄래" 혹은 "내 딸들을 차별하지 말아 줘"라고 말하며 경계선을 세우려 노력해도 엄마는 끊임없이 이를 무시하며 침범할 것이다. 엄마는 여러분에게 "너는 결혼하더니 변했다" "너는 항상 화가 나 있구나"라고 말하며 불평할 것이다.

엄마의 침범은 물리적인 행동으로도 이어진다. 아무리 여러분이 일주일에 전화 통화는 한 번만 가능하다고 말해도 수십 통씩 부재중 전화를 남기고, 문자 폭탄을 투하하거나, 여러분의 직장 혹은 신혼 집에 찾아올 것이다. 여러분 스스로 정한 기준을 지켜내기 위해서는 생각보다 많은 에너지를 사용해야 한다.

3. 감정적인 반응을 드러내지 않는다.

엄마와 만나는 순간에는 '유지'와 같은 방법을 취한다. 감정을 드러내지 않으면서 피상적인 대화를 한다. 엄마가 말하도록 유도하고, 여러분에 관한 이야기가 나오면 곧바로 피상적인 주제로 전환한다.

접촉 차단

접촉 차단, 즉 'No Contact'는 가장 결정하기 어려운 단계다. 처음부터 이 단계에 돌입하는 딸은 없다. 대부분의 딸은 다시 엄마에게 돌아가 관계를 회복하려고 노력하지만 이전과 변함없는 엄마의 모습을 보고 실망하게 된다. 건강한 관계를 맺기 위한 시도를 수백 번, 수천 번 반복한 끝에 완전히 지쳐버린 상태에서 '이제 됐어. 나는 정말 최선을 다했고 후회가 없어'라고 느꼈을 때라야 비로소 접촉 차단 단계에 들어간다.

접촉 차단을 하기 전, 여러분은 두려움을 느낄 것이다. 주변 사람 들의 따가운 시선이 걱정되고 죄책감이 느껴질지 모른다. 하지만 막상 몇 개월 이상 이 단계를 진행한 사람들은 비로소 자기 인생에서 가장 평화로운 시간을 보내는 것 같다고 말한다.

우리는 마치 신화 속 인물처럼 완벽한 사람이 되려고 고군분투 해왔다. 하지만 이제는 온전히 내 본래 모습 그대로 살아갈 수 있다. 스트레스가 줄어들며 자신을 돌볼 여력이 생긴다.

1. 접촉 차단은 완전한 관계 단절을 의미한다.

여러분이 이 단계를 선택했다면, 말 그대로 엄마와 완전히 단절 해야 한다. 문자나 통화를 하지 않는 것은 물론, 실수로라도 전화를 걸거나 받았다면 바로 끊어버린다. 서로의 SNS에 남겨진 댓글도 모 두 삭제한다. 밖에서 우연히 만나도 모른 척하고, 여러분이 아이를 낳는 순간에도 연락하지 않는다. 꼭 해야 할 이야기가 있다면 법정 대리인을 통해서 접촉해라.

2. 사회적인 선입견을 예상해라.

여러분은 나르시시스트 엄마에게 학대를 당했다. 그러나 엄마는 여러분의 기억과 경험을 부정한다. 그리고 이 사회 역시 설마 엄마가 그렇게까지 하겠느냐고 의심한다. 여러분이 철이 없어 부모의 마음을 다 이해하지 못한다고 비난받을지도 모른다. "너도 자식 낳아보면 부모 마음을 안다"라든지 "모든 부모는 사람이기에 실수를 할 수 있다"는 조언도 이어질 것이다.

하지만 그 누구도 학대자 곁에 머무를 필요는 없다. 예를 들어 3년 내내 여러분을 따돌리고 괴롭힌 동창과 사이좋게 지낼 수 있겠는가? 수십 년간 나를 학대했던 남편을 용서하고 애틋하게 지낼 수 있는가? 사람들은 피해자가 가해자와 분리되어야 한다고 인정하지만, 학대한 엄마에 대해서는 용서하고 포용하고 이해하라고 요구한다.

3. 스스로 확신이 들 때까지 충분히 시도해보라.

접촉 차단을 결심한 이후에도 대부분 자신이 생각한 방법이 맞는지, 우리 엄마가 정말 그렇게 끔찍한 존재인지 재차 확인하기 위해 다시 엄마를 찾아갈지도 모른다. 간혹 엄마의 후버링에 다시 걸려들 수도 있다.

그렇다고 좌절해서는 안 된다. 괜찮다. 여러분 스스로 확신이 들어 최종 선택을 할 때까지는 충분한 기회를 가질 수 있다.

당신이 엄마에게 되돌아가면 엄마는 잠시나마 여러분에게 매우 잘 대해줄 것이다. 당신 또한 엄마를 의심하고 거절했던 죄책감 때문에 엄마에게 이전보다 더 잘하려 노력할 것이다. 안도감과 함께 앞으로 다가올 행복할 미래가 눈에 보이는 듯하다.

하지만 앞서 말했듯이 허니문 기간은 오래가지 않는다. 엄마는 감히 자신을 버리려 했던 딸에게 벌을 주어야 한다고 생각하고 더 가혹하게 대할 것이다.

4. 다른 가족들과의 단절을 예상하라.

당신이 만약 엄마와 접촉을 차단하기로 결심했다면 아빠와도 연결이 끊길 수 있다는 걸 예상해야 한다. 물론 나르시시스트 엄마와 상관없이 딸과 아빠가 단둘이 따로 만날 수도 있다. 하지만 많은 경우 아빠는 나르시시스트 엄마에게 종속되어 있다. 아빠는 딸이 엄마에게 고통받는 걸 방관했다. 그렇기 때문에 결국 아빠는 엄마 편을 들 것이다.

엄마가 내 남편과 자녀들에게
끼치는 영향

대부분의 딸은 결혼해서도 엄마의 영향력 아래 휘둘리며 살게 된다. 설사 엄마로부터 도망치기 위해 결혼을 선택했다고 하더라도 말이다. 육아 도움이나 집값을 핑계로 친정 근처에 신혼집을 꾸리게 만들거나 본인이 수시로 신혼집에 드나들며 딸의 살림이나 육아에 간섭한다.

남편이나 시댁 식구들 앞에서 치부를 드러내고 싶지 않은 딸은 엄마와의 관계를 위태롭게 유지할 것이다. 결혼식이나 아이 돌잔치 등의 큰 행사에 친정 엄마를 포함한 가족이 참석하지 않는다면 퍽 곤란하기 때문이다. 남편에게 흠 잡힐까 봐 두려워 혼자서 속으로 끙끙대며 엄마에게 조종당할 것이다.

딸의 남편이 되려는 엄마

나르시시스트 엄마는 지속적으로 딸과 사위 사이를 갈라놓으려한다. 가장 흔히 쓰는 수법은 바로 딸 앞에서 사위 흉을 보는 것이다. "박 서방은 내가 너희 집에 오는 걸 싫어하는 눈치다"라든지, "최 서방은 처가 알기를 우습게 안다. 원래 경상도 남자들이 그렇지 뭐. 어휴"라고 한탄하는 식이다. 실제로 사위가 하지 않은 행동도 추측해가면서 비난한다. 이런 이야기를 반복해서 듣는 딸은 '정말 남편이 우리 엄마를 싫어하나?'라는 의문을 품게 된다.

딸에게 남편에 대한 불신을 심은 나르시시스트 엄마는 본격적으로 둘 사이를 비집고 들어간다. 나르시시스트 엄마의 그다음 작전은 딸의 가정에서 사위를 소외시키는 것이다. 만약 딸이 아기를 출산했다면 엄마는 그 기회를 놓치지 않는다. 온종일 딸과 함께 신혼집을 지키던 엄마는 사위가 돌아오면 묘하게 냉랭한 분위기를 풍긴다. 그러면서 "내가 잘 돌보고 있으니 자네는 야근을 해서 수당이라도 받는 게 집에 더 보탬이 되지 않겠는가?"라며 위하는 척하기도 한다.

딸 스스로 문제를 인지하고 엄마와의 거리를 두지 않는 한, 사위는 아무것도 할 수 없다. 원가정에서 엄마를 중심으로 아빠와 딸이 빙빙 맴돌았다면 이제는 딸이 새로 꾸린 가정에서 친정 엄마를 중심으로 딸, 사위, 손자가 빙빙 맴도는 셈이다.

손자의 엄마가 되려는 엄마

여러분은 엄마가 갓 태어난 아이를 예뻐해주는 모습을 보며 잠시 위안을 받을 수 있다. 엄마가 집착하는 유형이라면 손자들과 자주 함께하려 할 것이다. 일부 나르시시스트 엄마는 손자들을 예뻐해주는 좋은 조부모가 된다. 이 경우, 여러분은 아이에게서 할머니를 빼앗고 싶지 않을 것이다.

하지만 나르시시스트 엄마는 자꾸만 딸과 손자 사이에 끼어들려고 시도한다. 아이가 어릴 때야말로 길들이기 쉽기 때문이다. "쉿! 엄마한테는 비밀이야"라고 말하며 초콜릿을 양껏 주거나, "엄마는 내가 알아서 할 테니 신경 쓰지 마"라고 말하며 장난감을 사준다. 순수한 아이들은 호박과 당근을 먹으라고 강요하는 엄마보다 할머니를 더 좋아하게 된다.

아이들이 어릴 때는 나르시시스트 부모나 조부모와 큰 갈등이 없다. 어떤 전문가는 이 시기를 2살까지로 보고 어떤 전문가는 7살까지로 보기도 한다. 어쨌든 일정 시기가 되면 아이가 자기주장을 하기 시작한다. 자기 의견을 표현하며, 할머니가 원하는 대로 따르길 거부한다. 그때 아이의 할머니는 매우 나르시시스트적으로 돌변하게 된다.

손자를 차별하는 엄마

여러분은 절대 자녀 양육을 나르시시스트 엄마에게 부탁해서는 안 된다. 도저히 방법이 없다고 하더라도 반드시 피해야 한다. 직장을 다녀야 한다면 어린이집, 등하원 도우미, 베이비시터, 돌봄 서비스 등 가능한 모든 방법을 동원하자.

"다른 딸들은 어려서부터 사랑받고 자라나 좋은 직업을 가져요. 돈도 훨씬 잘 벌고, 능력 있는 남편도 만나죠. 거기에 애를 낳으면 친정 부모님 도움을 받아 수월하게 지내는데, 저는 이것까지 포기해야 하나요?"

경제적인 이유로 맞벌이를 해야 하는 딸은 이렇게 불평할 수도 있다. 맞다. 나 역시 느꼈던 억울함이다. 하지만 인생은 원래 불공평하다. 우리의 부모가 나르시시스트고 자신을 조금도 양보하지 않는 사람인 이상, 우리의 인생은 언제나 남보다 불리하고 피곤하다.

우리가 결혼해서 자녀를 낳았다면 우선순위는 엄마의 나르시시스트 게임에 우리 남편과 아이가 휘말리지 않도록 막는 것이다. 나르시시스트 엄마에게 여러분의 자녀를 맡긴다면 여러분 자녀는 학대당한다고 보아도 무방하다. 얼마 안 있어 엄마의 주특기라고 할 수 있는 차별이 시작되고, 자녀들은 영웅과 희생양으로 나뉘어 고통받을 것이다.

이미 여러분은 그 고통이 얼마나 큰지 잘 알고 있다. 어린 시절, 내가 신뢰해야 할 대상에게 차별이나 학대를 당한 경험이 성인이 되어서까지 어떤 영향을 끼치고 있는지 직접 느끼고 경험하고 있지 않은가.

죄책감을 벗어던지자

플라잉 몽키들은 여러분에게 "엄마가 손자들을 너무 보고 싶어 해. 엄마가 너를 어떻게 키웠는데 이렇게 배신할 수가 있어"라고 말하며 여러분의 죄책감을 톡톡 건드릴 것이다. 하지만 엄마가 그리워하는 건 본인이 원하는 대로 고분고분 따르는 딸과 어린 손자들이다. 자신의 트로피가 되어 주변 사람들에게 자랑할 존재가 필요할 뿐이다.

여러분 아이에게 가장 필요한 사람은 친척이 아니라 건강하고 행복한 엄마다. 할머니의 사랑을 알지 못해도 엄마인 여러분과 질 높은 애착 관계를 맺고 있다면 그것으로 충분하다. 아이들이 스스로에 대해 확신을 갖고 자신감을 지닌 채 성장한다면 그보다 더 큰 자산은 없다.

남편에게 털어놓고 함께 방법을 찾자

많은 딸이 남편에게 엄마의 실체를 감추려 애쓴다. 시댁과 남편에게 흠 잡히고 싶지 않아서다. 엄마 또한 딸의 인생에 끊임없이 간섭하고 싶어서 일반적인 엄마처럼 연기한다. 시댁 식구들을 포함해 많은 하객이 모인 결혼식에 엄마를 부르지 않을 배짱 있는 신부는 없을 것이다. 딸은 비단 결혼식뿐 아니라, 시댁에서 보내주는 명절 선물에 답례하고, 아이를 낳았을 때 얼굴을 비쳐줘야 할 친정 엄마가 필요하다. 그러나 그 대가로 딸은 엄마의 감정 쓰레기통이 되어 휘둘린다.

여러분이 가장 힘들고 어려운 순간, 엄마는 여러분의 가장 큰 약점을 쥐고 흔들 것이다. 남편과 시부모에게 여러분이 그토록 감추고 싶던 비밀을 폭로하겠다고 협박할 것이다. 남편의 직장에 찾아가거나 사돈에게 전화를 걸어 네가 얼마나 불효자식인지 까발리고 너를 믿으면 큰일 난다고 주의를 시켜야겠다고 말할 것이다.

과잉성취형일수록 남편과 시댁 식구 앞에서 자신의 치부와 약점을 드러내기는 어렵다. 하지만 언제 터질지 모르는 시한폭탄을 끌어안고 전전긍긍해하느니 애초에 오픈하는 것이 낫다. 나르시시스트 엄마는 주머니 속의 송곳과 같다. 아무리 감추려 애써도 언젠가는 드러나게 되어 있다. 최소한 남편에게는 엄마의 실체를 말해주자.

이제 나는 내가 양육한다

세상의 많은 딸이 엄마에게 사랑받기 위해 평생 엄마 주변을 빙빙 맴돌며 살아간다. 엄마가 원하는 것을 해주면, 엄마가 원하는 행동을 하면, 엄마가 원하는 사람이 되면 엄마에게 충분히 사랑받을 수 있을 거라 믿는다. 하지만 뼈를 깎는 노력을 한들 결코 여러분이 원하는 따뜻함과 친밀함을 얻을 수는 없다.

그렇다고 너무 절망할 필요는 없다. 우리 스스로 우리의 양육자가 되어 자신을 돌봐주면 된다. 나는 나를 가장 소중하게 여기고 돌봐줄 수 있는 사람이다. 자기 자신에게 기특하다고 칭찬해주고, 대단하다고 치켜세워주자.

내가 원하는 엄마를 상상해보자

당신이 어린 시절 고통받았다면, 분명히 상상 속 엄마가 따로 있을 것이다. 내가 무슨 잘못을 하든 나를 믿고 돌보아주는 엄마 말이다.

상상 속 엄마를 나를 돌보아주는 존재로 확장해보자. 친척 어른, 할머니, 존경하는 은사님과 같이 여러분을 따뜻하게 대하며 존중해주었던 특정 인물을 나의 엄마라고 상상해도 좋다. 좋아하는 소설이나 애니메이션, 영화에 나오는 멋진 엄마가 우리 엄마라면 어떨까? 엄마와 나는 어떤 대화를 나눌까? 상상해보자. 작은 소녀가 되어 엄마 품에 안긴 채 사랑받고 있다는 감정을 느껴보자. 상상 속 엄마에게 칭찬받고 존중받는 기분을 맛보자.

혹은 내가 직접 나의 엄마가 되어도 좋다. 우리에겐 스스로 돌보고, 사랑하고, 길러줄 수 있는 타고난 모성애가 있다. 마음속 엄마와 함께 나 자신에 대해 느끼고, 또한 자기 자신을 존중하는 방법을 배우는 것이다. 마치 두 살짜리 아이를 대하듯 따뜻하고 친절하게 가르쳐주자. "나는 사랑스러워" "나는 똑똑해" "나는 마음이 따뜻한 사람이야" "나는 재능이 있어" "내 내면과 외면은 모두 아름다워"라고 분명하게 이야기해주자.

내가 차려준 나의 생일상

얼마 전, 나는 나 자신에게 서른다섯 번째 생일상을 차려주었다. 거창한 생일상은 아니었지만 내가 좋아하는 과일케이크와 애플망고를 사 와서 아기자기하게 꾸몄다. 그리고 남편과 세 살배기 아들을 생일 파티에 초대해 함께 생일 축하 노래를 부르고 기념사진을 찍었다. 아들에게는 화단에서 꺾은 꽃을, 남편에게는 축하 카드를 받았고, 나에게는 화장품을 선물 받았다.

나는 살면서 부모님께 내 생일을 축하받거나 생일상을 받은 적이 거의 없다. 30년 넘도록 살았지만 한 손으로 꼽을 수 있을 정도다. 생일이라는 이유로 내가 조금이라도 들뜬 모습을 보이면 엄마는 바로 경멸 어린 눈빛을 쏘아댔다. 생일날이면 나는 언제나 그날이 내 생일이 아닌 것처럼 보냈다. 사람들 앞에서 "오늘 내 생일이야"라는 말도 못 꺼냈다.

한번은 친구들과 함께 일주일간 여행을 간 기간에 내 생일이 끼어 있었다. 나는 언제나처럼 내 생일이 아닌 듯 행동했다. 그러다 생일 당일에 친구가 내 기차 티켓에 인쇄되어 있는 생년월일을 보았다 (내일로 티켓에는 나이 증명 때문에 생년월일이 표기되어 있었다). 친구들은 깜짝 놀랐다. 그중 한 친구는 왜 생일인데 말을 안 했냐며 울기까지 했다.

그날 밤, 친구들은 모카 맛이 나는 옛날 버터케이크를 사 와 뒤늦게 생일을 축하해주었다. 친구들의 축하에 기분이 좋아졌지만, 한편으로는 헷갈렸다. 나는 이제껏 나를 낳아준 부모에게조차 제대로 생일 축하를 받지 못했기 때문이다.

하지만 이제는 확신이 든다. 나는 이 세상에 태어난 사실을 충분히 축하받을 존재라는 것 말이다!

주변의 도움을 받자

여러분은 지금 철저히 혼자라는 기분에 사로잡혀 있을 수 있다. 하지만 주위를 둘러보자. 여러분을 걱정해주는 친구나 연인, 다른 가족들을 발견할 수 있을 것이다. 만약, 정말 아무도 없다고 하더라도 걱정할 필요는 없다. 나 썸머가 있으니까! 평생 죄책감과 우울감에 시달렸을 여러분을 걱정하는 마음으로 유튜브 영상을 올리고, 한 페이지 한 페이지 꽉꽉 채워서 이 책을 쓰고 있다.

여러분을 응원해줄 사람들을 만나는 다른 방법도 있다.

심리상담을 받는다

전문 상담가를 찾아가 정기적으로 상담을 받아보자. 안전한 공간에서 여러분의 감정이나 경험을 솔직하게 이야기할 수 있다. 상담사를 통해 자신에게 일어난 사건을 새로운 관점으로 바라보거나, 여러분의 가치를 재발견할 수 있다. 주의해야 할 점은, 어머니와의 관계를 회복해야 한다거나, 예전의 관계로 돌아가야 한다든지, 엄마를 용서하라고 강요하는 상담사는 피해야 한다는 것이다.

진정한 나를 발견하기

황폐해진 나를 바라보며

우리는 너무나도 많은 에너지와 귀중한 시간을 학대자에게 허비했다. 쉬지 않고 돈을 벌었지만 모두 엄마가 가져가버려 수중에 돈 한 푼 남아 있지 않거나, 괜찮은 남자와 결혼할 희망에 차 있었지만 엄마가 기어코 훼방을 놓아 혼기를 놓쳐버린 경우도 있을 것이다.

망가진 커리어, 고립된 인간관계, 나빠진 건강, 걷잡을 수 없는 분노와 트라우마 등으로 황폐해진 자신만 망연하게 쳐다보는 딸도 있을 것이다. 어쩌면 지금 이 순간 공허감이나 자살 충동이 느껴질 수도 있다.

하지만 이것만은 확신할 수 있다. 학대를 인지하고 회복의 여정을 떠나는 당신이 마침내 스스로의 가치를 발견하게 될 거라는 사실 말이다. 여러분은 더 이상 피해자나 희생자가 아니다. 위대한 생존자다.

내 가치를 발견하기

황폐화 → 부정 → 학습 및 자기 의심 → 학대자에 대한 깨달음
→ 분노 → 우울 → 치료 → 자기 성찰

나르시시스트 학대 피해자의 극복 8단계*

학대자(사이코패스/나르시시스트/소시오패스/회피성 인격장애를 앓는 사람)로부터 정서적 학대를 당했을 때 피해자들이 밟게 되는 극복 단계다. '부정-분노-타협-우울-수용'이라는 슬픔의 5단계*와 비교하면, 상대가 인격장애가 있는 학대자였음을 깨닫고, 나를 어떻게 조종하고 학대해왔는지 깨닫는 과정이 추가되었다.

- **황폐화**: 딸의 삶은 황폐해졌다. 공허함, 자기혐오, 낮은 자존감, 자살 충동 등의 감정을 경험한다. 자신을 탓하며, 내가 이상한 사람이기 때문이라고 착각한다.
- **부정**: 내가 엄마에게 학대를 받았다는 현실을 부정하며, 애써 나는

행복하다, 괜찮다고 말한다.

- **학습 및 자기 의심**: 인터넷으로 검색을 하거나, 심리상담을 받으며 나의 내면에 상처가 있다는 것을 학습한다. 하지만 진실을 직면하기가 두렵기 때문에, 엄마를 의심하는 나 자신을 탓하며 엄마가 정서적으로 문제 있는 사람이라고 말하지 못한다. 엄마는 나를 사랑하는 존재니까.

- **학대자에 대한 깨달음**: 공감 능력이 뛰어난 딸은 엄마가 어떤 사람인지 똑바로 이해하는 데 어려움을 겪는다. 다른 사람들도 나와 같을 것이라고 가정하기 때문이다. 학습을 통해 딸은 엄마의 생각과 감정을 알게 되고, 끔찍한 기분을 느낀다. 딸은 엄마에게 사랑받은 적이 없으며, 끝없는 학대 사이클에 갇혀 있었을 뿐이라는 사실을 깨닫는다.

- **분노**: 내가 어떻게 이용당하고 조종당하고 세뇌당했는지 깨달은 딸은 분노를 느낀다.

- **우울**: 딸은 매우 오랜 기간 우울과 분노의 단계를 반복할 것이다. 어느 날은 괴성을 지르며 벌떡 일어났다가, 어느 날은 화낼 가치조차 없다고 느낀다.

- **치료**: '이런 일이 왜 일어났을까?'라는 의문에서 치료가 시작된다. 물론 종종 과거의 일을 생각하면 분노와 우울 단계로 돌아가기도 하지만 이런 감정은 자연스럽다. 모두 치료의 일부다. 자신에게 일어났던 일을 담담하게 이야기할 수 있게 된다.

- **자기 성찰**: 나의 강점을 발견하는 단계다. 나는 공감 능력이 뛰어나고

이타심이 많은 사람임을 알게 된다. 이것은 매우 소중한 나의 가치다. 어려움을 이겨내고 살아온 나 자신을 자랑스러워하게 된다.

내가 원하는 건 무엇일까?

많은 딸은 내가 어떤 사람인지, 무엇을 좋아하는지, 어떤 일을 하면서 살아야 하는지 갈피를 잡지 못한다. 매우 당연하다. 나르시시스트 부모가 자녀 스스로 충분히 자신과 세상을 탐색하며 성장하도록 허락하지 않았기 때문이다. 그 대신 자녀를 자신이 정한 틀에 끼워 맞추고 본인의 가치관이나 생각을 주입해왔다.

만약 자녀가 이 틀을 거부하려면 부모로부터 자신을 방어하는 데 모든 에너지를 써야 한다. 때로는 협박과 경제적 압박이 이어진다. 그러다 보면 정작 필요한 곳에 쓸 에너지가 없다. 나는 어떤 사람인지 탐색하고 내게 맞는 일을 찾아 정진할 여력이 없는 것이다.

나와 세상을 자유롭게 탐색해보자

이제부터 여러분 스스로 세상을 탐험할 기회를 주자. 초등학생

아이라고 생각하고 이것저것 해보자. 종일 온라인 게임을 하거나 밤새 드라마를 보아도 좋다. 다양한 것을 배워보자. 앙금 케이크를 만들어보거나, 꽃꽂이를 배워보거나, 캘리그래피를 배워보자. 스킨스쿠버나 번지점프에 도전해보자. 클럽에 가서 밤새워 놀아도 보자!

나의 경우, 평소에 하고 싶었지만, 이런저런 이유로 뒷전으로 밀려난 일을 하나씩 해보았다. 〈아들과 딸〉이나 〈짝〉 같은 옛 드라마를 몰아서 보기도 했다. 저렴한 태블릿을 구입해 가족툰을 그렸고, 캔버스에 그림을 그려 거실에 걸어놓았다. 귀걸이 만들기나 데코용 타일 만들기 등 다양한 공예도 배웠다. 어느 여름에는 남편과 시카고 건축 협회에 회원으로 가입해 함께 시카고의 건축 역사를 배우기도 했다.

나를 데리고 현장학습도 다녔다. 내가 좋아하는 문학 작품의 배경이 된 장소를 방문한 것이다. 《빨강 머리 앤》의 배경이 된 캐나다의 프린스 에드워드 아일랜드에서 여름을 만끽했고, 《초원의 집》 가족들이 살았던 오두막집을 방문했고, 《톰 소여의 모험》의 배경이 된 미주리주의 핸니벌, 《매디슨 카운티의 다리》의 배경이 된 아이오와주의 매디슨 카운티 등을 다녀왔다.

솔직히 서른 넘어서 자전거 타는 법을 배울 때는 '나는 도대체 초등학생 때 뭐 하고 살다가 이 나이 먹어서 이런 걸 배우고 있을까'라는 서글픔이 들기도 했다. 하지만 조금 늦었을 뿐이다. 이제부터 나는 멈추지 않을 것이다. 내가 충분히 나 자신과 세상을 탐색하도록 친절한 양육자가 되어 가이드해줄 것이다.

내 삶은 이제부터 시작이야
___

스스로 너무 늦었다고 생각되는 딸에게 작가 미상의 아래 시를
들려주고 싶다.

뉴욕은 캘리포니아보다 3시간이 빠르다

그렇지만 캘리포니아가 느리다는 건 아니다

누군가는 22살에 대학을 졸업하지만

좋은 직장에 들어가기 위해 5년을 쓰게 된다

누군가는 25살에 CEO가 되지만

50살에 생을 마감하기도 한다

다른 누군가는 50살에 CEO가 되지만

90세까지 살아가기도 한다

누군가는 아직 솔로일 테지만

다른 누군가는 기혼자다

오바마는 55살에 퇴임했지만

트럼프는 70살에 취임했다

이 세상 모든 사람들은 자기만의 시간 틀 안에서 살아간다

당신 주변의 어떤 이들은 당신보다 앞서 있다

어떤 이들은 당신보다 뒤처져 있다

그들을 시기하지 마라

그들을 조롱하지 마라

그들은 그들의 시간 틀 안에 있을 뿐

당신도 당신의 시간 틀 안에 있을 뿐이다

인생은 행동하기 적당한 시기를 기다리는 데 달려 있다

이미 늦은 것이 아니다

너무 이른 것도 아니다

지금이 바로 행동할 시간이다

우리는 모두 늦지 않았다. 다른 사람보다 조금 뒤처져 있을 수 있다. 하지만 나는 확신한다. 우리는 다른 사람들보다 더욱 치열하게 나와 인간에 대해 공부하고 있었던 것이라고. 나르시시스트 피해자였던 당신은 그 누구보다도 인내심이 강하다! 그 누구보다도 공감 능력이 뛰어나고 이타심이 높다! 당장은 막막하겠지만 내가 할 수 있는 것을 하나씩 차근차근 해보자. 인생은 속도가 아니라 방향성이다.

내면 아이 돌보기

엄마의 힐링 과제

5

과거의 나에게 편지 쓰기

어린 시절 부모로부터 받았어야 했던 따뜻한 보호와 보살핌을 받지 못한 우리에게는 내면 아이(아픔과 상처로 인해 만들어진 자아)가 있다. 내면 아이는 무의식에 숨어 있지만 과거의 상처가 건드려지는 때 튀어나온다.

이제 과거의 나를 스스로 돌보아주고 공감하고 위로해주자. 이제 막 태어난 나에게 이 세상에 태어난 사실을 축하해주는 데서 시작해보자. 신생아였던 나에게 축복과 사랑이 듬뿍 담긴 편지를 써주자.

나르시시스트 엄마의 딸은 자신의 탄생을 부정적으로 느낀다. 나를 낳아준 엄마에게 부정적인 이야기를 많이 들어와서다. "형편이 어려워 너를 가졌을 때, 주변 사람들이 다 지우라고 했지만 내가 억지로 낳았다" "너만 아니었어도 네 아빠랑 결혼하지 않았을 텐데" "너를 낳다가 내가 몸이 이렇게 다 망가져버렸다" 등.

여자아이라서, 혹은 원치 않은 임신이라서, 혹은 혼전임신이라서……, 어떤 이유에서든 우리는 태어났을 때부터 환영받지 못했다. 자신을 낳아준 존재에게조차 온전한 축하와 축복을 받지 못했던 우리가 끝없는 공허함과 불안감, 자기혐오를 느끼는 건 당연하다.

나는 어렸을 때부터 서른이 넘어 아이를 낳을 때까지 평생에 걸쳐 내가 얼마나 엄마를 힘들게 하는 아기였는지 들어왔다. 엄마는 신생아 때 내가 밤에 잠을 안 자서 본인이 죽을 고생을 했다고 한탄하고, 푸석한 피부를 바라보면서 너를 낳아서 이렇게 되었다고 탓했다. 나는 내가 태어난 사실 자체에 큰 죄책감을 느끼고 살아왔다.

하지만 비관하거나 너무 걱정하지 말자. 우리 스스로 우리의 탄생을 축하하면 된다. 내가 얼마나 사랑스럽고 귀엽고 치명적인 존재인지 알려주자. 나의 존재로 인해 얼마나 많은 사람이 행복해하고 기뻐하는지 찾아보자. 이 세상에 태어나주어 정말 고맙다고 말하며 이마에 키스도 해주자.

신생아였던 나 외에, 유아였던 나, 초등학생이던 나, 청소년이던 시절의 나에게도 편지를 써보자.

이 세상에 태어난 _____에게

나만의 버킷리스트 만들기

엄마가 반대해서 혹은 엄마의 눈치를 보느라 하지 못했던 일을 계획해보자. 돈이 없어서 하지 못했던 일도 있을 것이다.

물론, 당시에는 매우 간절하게 느껴졌던 일이 지금은 매우 하찮게 느껴질 수 있다. 그래도 좋다! 초등학생이던 내가 간절히 원했던 것, 스무 살의 내가 하고 싶었던 것을 지금이라도 마음껏 하게 해주자.

어린 시절, 남들은 다 갖는 최신 유행 장난감을 못 가져서 슬펐는가? 지금이라도 하나 사주자. 마트에 가서 몇만 원만 내면 내게 아주 그럴싸한 장난감을 사줄 수 있다. 통금시간이 엄격해서 항상 일찍 집에 들어가야 했는가? 낯선 곳으로 여행을 가거나, 친구네 집에서 하룻밤 자며 놀아보자! 작가가 되고 싶었는데 엄마가 반대해서 도전해보지 못했는가? 퇴근 후, 혹은 아기가 낮잠을 자는 동안, 집안일을 잠시 미뤄두고 작품 집필에 도전해보자!

나만의 버킷리스트

1 --

2 --

3 --

4 --

5 --

6 --

7 --

8 --

9 --

10 --

《DSM-5》 자기애성 인격장애 진단 기준

미국정신의학회에서 발행하는 《DSM(Diagnostic and Statistical Manual of Mental Disorder)-5》에서 정의한 자기애성 인격장애의 진단 기준은 다음과 같다. 9개 항목 가운데 5개 이상의 항목을 충족하면 진단을 받을 수 있다.

지나치게 과장된 자신감, 칭찬받고 싶은 욕구, 그리고 감정이입 결여 같은 광범위한 양상이 초기 성인기에 시작되어 다양한 상황에서 다음 중 5개 이상의 항목으로 나타난다.

☐ 자신의 중요성에 대해 지나치게 과장된 자신감이 있다. (예: 자신의 성취나 재능을 과장함, 뒷받침할 만한 성취가 없는 상태에서 자신의 뛰어남을 인정받고자 함.)

□ 끝없는 성공, 권력, 탁월성, 아름다움, 이상적인 사랑에 대한 공상에
   빠진다.

□ 자신이 특별하고 독특해서 비슷한 수준의 상류층 또는 기관만이 자신
   을 이해할 수 있거나, 그런 사람들하고만 어울려야 한다고 믿는다.

□ 과도한 찬사를 요구한다.

□ 특권의식, 즉 특별대우를 받는 데 대한 불합리한 기대감이나, 그럴 만
   한 이유가 없는데도 특별대우나 복종을 바라는 불합리한 기대감을
   가진다.

□ 대인관계가 착취적이다. 즉, 자신의 목적을 달성하기 위해 다른 사람
   들을 이용한다.

□ 공감 능력이 결여되어 있다. 즉 타인의 감정이나 욕구를 인정하거나
   자신의 감정 또는 욕구와 같은 선상에서 보려 하지 않는다.

□ 종종 타인을 시기하거나, 타인이 자신을 시기하고 있다고 믿는다.

□ 거만하고 방자한 행동이나 태도를 보인다.

성인 애착 유형 테스트

나의 애착 유형은 무엇일까. 만약 당신이 연애나 결혼 생활을 하고 있다면 배우자와 함께 테스트를 해보자. 서로의 애착 유형을 이해하면 관계 회복에 도움을 받을 수 있다.

이 테스트는 〈친밀 관계 경험(ECR-R, The Experiences in Close Relationships-Revised, 1998)〉 조사 문항 및 아미르 레빈(Amir Levine)과 레이첼 헬러(Rachel S. F. Heller)가 쓴 《그들이 그렇게 연애하는 까닭(Attached)》을 참고하였다.

[안내]

질문을 읽은 후, 1-5 중 평소 경험이나 생각에 비추어 가장 적절하다고 판단되는

숫자에 체크하라.

문항 내용이 현재 상태에 해당하지 않는다면, 일반적인 관계에서 자신의 경험을 바탕으로 응답하면 된다.

[질문지]

회피 점수

	문항	전혀 그렇지 않다	그렇지 않다	보통 이다	거의 그렇다	매우 그렇다
1	나는 다른 사람에게 위로나 조언, 또는 도움을 청하지 못한다.	1	2	3	4	5
2	나는 다른 사람에게 마음을 여는 것이 편하지 않다.	1	2	3	4	5
3	나는 사랑하는 연인보다 가볍게 만난 사람과 성관계 맺는 것을 더 선호한다.	1	2	3	4	5
4	나는 다른 사람이 나와 아주 가까워지려 할 때 불안하다.	1	2	3	4	5
5	나는 다른 사람이 나와 너무 가까워졌을 때 예민해진다.	1	2	3	4	5
6	나는 다른 사람에게 마음을 여는 것이 편하지 않다.	1	2	3	4	5
7	나는 다른 사람에게 의지하기가 어렵다.	1	2	3	4	5
8	상대방이 나와 막 친해지려고 할 때, 꺼리는 나를 발견한다.	1	2	3	4	5
9	나는 다른 사람이 나에게 의지하는 것이 싫다.	1	2	3	4	5

10	나는 연인에게 모든 것을 이야기하지 않는다.	1	2	3	4	5
11	다른 사람에게 의지하는 것이 불편하다.	1	2	3	4	5
12	나는 다른 사람에게 나의 문제나 고민을 상담하지 않는다.	1	2	3	4	5
13	나는 연인과 너무 가까워지는 것을 피한다.	1	2	3	4	5
14	나는 연인과 가까워지기를 원하지만, 금세 생각을 바꾸어 그만둔다.	1	2	3	4	5
15	내가 얼마나 호감을 가지고 있는지를 연인에게 보이고 싶지 않다.	1	2	3	4	5
16	나와 썸을 타고 있는 이성이 나 이외에 다른 사람들에게도 연락하고 있다는 것을 알았을 때, 나와 특별한 관계를 원하는 것이 아니라는 것을 알게 되어 안심이 된다.	1	2	3	4	5
17	나는 나와 데이트를 하던 이성이 차가워지고 거리를 두려고 한다면, 나 역시 무관심하게 응대할 것이다. 나는 심지어 안심이 된다.	1	2	3	4	5
18	나는 한 관계에서 내가 원하는 것을 얻고 난 후, 내가 무엇을 더 얻을 수 있을지 확신이 들지 않는다.	1	2	3	4	5

불안 점수

문항	전혀 그렇지 않다	그렇지 않다	보통 이다	거의 그렇다	매우 그렇다
1	나는 종종 내 연인이 나를 더 이상 사랑하지 않을까 봐 걱정된다.	1	2	3	4	5

2	나는 누군가 진짜 나의 모습을 알고 나면 나 같은 사람을 좋아하지 않을 것이라는 두려움을 갖고 있다.	1	2	3	4	5
3	내가 다른 사람들에게 관심을 가지는 만큼 그들이 나에게 관심을 가지지 않을까 봐 걱정된다.	1	2	3	4	5
4	나는 다른 사람과의 관계를 많이 신경 쓰는 편이다.	1	2	3	4	5
5	내가 필요로 할 때 상대방이 거절하면 실망한다.	1	2	3	4	5
6	나는 매우 빠르게 연인과 가까워진다.	1	2	3	4	5
7	나는 이유 없이 연인에게 화가 나거나 짜증이 난다.	1	2	3	4	5
8	나는 상대방의 감정에 매우 민감하다.	1	2	3	4	5
9	지나치게 친밀해지고자 해서 때때로 사람들이 부담을 느낀다.	1	2	3	4	5
10	나는 지금 연인에게 버림을 받는다면, 다른 새로운 사람을 영원히 찾을 수 없을 것 같아 불안하다.	1	2	3	4	5
11	연인과 다툴 때, 나는 충동적인 행동이나 말을 하는 경향이 있다.	1	2	3	4	5
12	나는 내가 충분히 매력적이지 않은 것 같아 걱정된다.	1	2	3	4	5
13	나는 연인에게 사랑받고 있다는 것을 자주 확인받고 싶어 한다.	1	2	3	4	5
14	나는 연인이 나 없이 많은 시간을 보냈을 때, 불쾌하다.	1	2	3	4	5
15	가끔 내가 연인에게 더 많은 애정과 헌신을 강요한다고 느낀다.	1	2	3	4	5

16	나와 썸을 타고 있는 이성이 나 이외에 다른 사람들에게도 연락하고 있다는 것을 알았을 때, 나는 우울해진다.	1	2	3	4	5
17	나는 나와 데이트를 하던 이성이 차가워지고 거리를 두려고 한다면, 내가 어떤 잘못을 했는지 걱정할 것이다.	1	2	3	4	5
18	연인이 내게 헤어지자고 말하면, 연인이 무엇을 잃어버리고 있는지 보여주려 최선을 다할 것이다.					

[점수 계산]

회피 점수

1) 홀수 문항 점수의 합계 : _____점

2) ①의 점수를 18로 나눈다 : _____점

불안 점수

1) 짝수 문항 점수의 합계 : _____점

2) ①의 점수를 18로 나눈다 : _____점

[결과]

회피 점수 2.33 미만, 불안 점수 2.61 미만 ▶ 안정형(자기 긍정/타인 긍정)

회피 점수 2.33 미만, 불안 점수 2.61 이상 ▶ 불안형(자기 부정/타인 긍정)

회피 점수 2.33 이상, 불안 점수 2.61 미만 ▶ 회피형(자기 긍정/타인 부정)

회피 점수 2.33 이상, 불안 점수 2.61 이상 ▶ 혼란형(자기 부정/타인 부정)

● 엄마는 학대자였다 ────────────────────

30쪽 Stinson, F.S., Dawson, D.A., Goldstein, R.B., Chou, S.P., Huang, B, Smith, S.M., Ruan, W.J., Pulay, A.J., Saha, T.D., Pickering, R.P. & Grant, B.F., "Prevalence, correlates, disability, and comorbidity of DSM-IV narcissistic personality disorder: results from the wave 2 national epidemiologic survey on alcohol and related conditions", *Journal of Clinical Psychiatry*, doi: 10.4088/jcp.v69n0701, (2008).

● 이상한 사람은 엄마였어 ────────────────

36쪽 Lenzenweger, M.F., Clarkin, J.F., Caligor, E., Cain, N.M., Kernberg, O.F., "Malignant Narcissism in Relation to Clinical Change in Borderline Personality Disorder: An Exploratory Study", *Psychopathology*, Basel, Switzerland: Karger Publishers, 51 (5): 318-325, doi:10.1159/000492228, (2018).

● 침묵해야 사는 자녀들 ─────────────────

71쪽 Wegsheider-Cruse, Sharon, *Another Chance: Hope and Help for the Alcoholic Family*, Science and Behavior Books, 1989.

● 엄마는 우주의 중심, 태양 ──────────────────

83쪽 McBride, Karyl, *Will I Ever Be Good Enough?: Healing The Daughters of Narcissistic Mothers*, Free Press, 2008.

86쪽 Bowen, Murray, *Family Therapy in Clinical Practice*, Rowman & Littlefield Publishers, Inc, 1985.

● 부모 복 없는 딸, 남편 복도 없는 이유 ──────────────

185쪽 Mellody, Pia, *Facing Codependence*, Harper & Low, 1989.

● 남자를 질리게 만드는 딸의 집착 ──────────────

189쪽 Brennan, K.A., Clark, C.L., & Shaver, P.R., "Self-report Measurement of Adult Romantic Attachment: An integrative overview", In Simpson, J.A. & Rholes, W.S., (Eds.), *Attachment Theory And Close Relationships* (pp. 46-76), New York: Guilford Press, 1998.

190쪽 Levine, Amir, & S.F. Heller, Rachel, *Attached: The New Science of Adult Attachment and How It Can Help You Find - and Keep - love*, Jeremy P. Tarcher, 2012.

192쪽 Giudice, M., "Sex-biased ratio of avoidant/ambivalent attachment in middle childhood", *British Journal of Developmental Psychology*, 26: 369-379, doi:10.1348/026151007X243289, (2008).
122명의 7세 아동을 대상으로 이탈리아에서 진행된 연구다. 불안정 애착을 가진 아동이 보이는 유형이 성별에 따라 각각 다르게 분포된 것으로 조사되었다. 불안정 애착을 가진 남자 아동의 경우,

회피형이 27%이며 불안형이 2%인 반면, 불안정 애착을 가진
여자 아동의 경우, 불안형이 25%이며 회피형이 4%였다.

195쪽 Eckerman, D. A. and Lanson, R. N., "Variability Of
Response Location For Pigeons Responding Under Continuous
Reinforcement, Intermittent Reinforcement, And Extinction1",
Journal of the Experimental Analysis of Behavior, 12: 73-80,
doi:10.1901/jeab.1969.12-73, (1969).

● 엄마와의 인연을 끊어도 될까요? ─────────────────

216쪽 Morrigan, Danu, *You're Not Crazy-It's Your Mother: Understanding
and Healing for Daughters of Narcissistic Mothers*, Darton, Longman
and Todd Ltd, 2012.

● 진정한 나를 발견하기 ────────────────────────

236쪽 MacKenzie, Jackson, *Psychopath Free (Expanded Edition):
Recovering from Emotionally Abusive Relationships With Narcissists,
Sociopaths, and Other Toxic People*, Penguin Publishing Group, 2015.
232쪽 Elisabeth Kübler-Ross, *On Death and Dying: What the Dying
Have to Teach Doctors, Nurses, Clergy and Their Own Families*, Scribner,
1969.

|참|고|문|헌|

더 자세히 알고 싶다면 살펴봐야 할 도서

● 나르시시스트 엄마와 딸의 관계 ─────────────

○ 캐릴 맥브라이드, 《과연 제가 엄마 마음에 들 날이 올까요?》,
오리진하우스, 2011.
나르시시스트 엄마를 둔 가족의 구조를 쉽게 설명한다. 딸의 유형을
'과잉성취형'과 '자기방임형'으로 나누어 심리상태를 잘 설명하고 있다.
아쉽지만 현재는 절판되었다.

○ 수잔 포워드, 도나 프레이지어, 《이 세상 모든 엄마와 딸 사이》,
푸른육아, 2020.
자녀를 사랑할 수 없는 엄마의 유형을 '지독한 자기애에 빠진 엄마/
지나치게 집착하는 엄마/모든 것을 통제하려는 엄마/보살펴줄 엄마가
필요한 엄마/아이를 방치하거나 폭력적인 엄마'라는 5가지로 나누어
자세히 설명한다.

○ 수잔 포워드, 《독이 되는 부모》, 푸른육아, 2020.
나르시시스트 엄마를 포함한 부모의 유형을 '신처럼 군림하는 부모/
의무를 다하지 않는 무능한 부모/자식을 조종하는 부모/술에 중독된
부모/신체적, 성적으로 학대하는 부모'로 나누어 자세히 설명하고 있다.

○ Danu Morrigan, *You're Not Crazy-It's Your Mother: Understanding and Healing for Daughters of Narcissistic Mothers*, Darton, Longman and Todd Ltd, 2012.

제목을 직역하면 '미친 건 당신이 아니라 엄마다'인데, 매우 직설적으로 나르시시스트 엄마의 문제를 설명하고 이에 대한 대처방법을 설명한다. 학대자에게 편지를 쓰며 감정을 해소하거나, 과감하게 엄마와 연락을 끊는 방법 등을 제시한다.

○ 앨리스 밀러, 《천재가 될 수밖에 없었던 아이들의 드라마》, 양철북, 2019.

내면이 불안정하고 불안한 부모로부터 자란 자녀들이 부모의 필요를 맞춰주기 위해 자신의 감정을 외면하고 부모의 꿈을 대신 이뤄주는 비극을 그린다. 거짓 자아를 만들기 때문에 언제나 공허하고 외로운 자녀들에게 참된 자아를 찾아갈 수 있는 방법을 제시한다.

○ Shahida Arabi, *Healing the Adult Children of Narcissists*, SCW Archer Publishing, 2019.

나르시시스트 부모가 자녀를 어떻게 대하고 키우는지 상세하게 분석해두었고, 여기에서 더 나아가 나르시시스트 부모로부터 얻게 된 내면의 상처와 분노, 슬픔을 회복할 수 있는 구체적인 방법을 제안한다. 또한 과도한 나르시시스트 부모의 요구를 충족시키며 성장한 자녀들이 얻게 된 고유한 가치와 장점을 발견하고 계발하도록 응원해준다.

● 건강한 경계선 ────────────────────────────

○ 헨리 클라우드, 존 타운센드, 《No!라고 말할 줄 아는 그리스도인》, 좋은
  씨앗, 2017.
  '무엇이 나이고 무엇이 내가 아닌지, 내가 끝내야 하고 다른 사람이
  시작해야 할 부분을 보여주는 규정'으로 경계선을 정의하고, 손상된
  경계선을 순응형/둔감형/지배형/기피형으로 나누어 설명한다. 가족과
  친구, 직장 등 다양한 상황에서 어떻게 경계선을 설정해야 하는지
  구체적으로 설명한다.

● 애착 유형 ────────────────────────────

○ 아미르 레빈, 레이첼 헬러, 《그들이 그렇게 연애하는 까닭》,
  알에이치코리아, 2011.
  연애에 관련된 책으로 사람은 누구나 의존할 수 있는 대상이 필요하다는
  것을 전제하고 있다. 존 볼비의 애착 이론을 토대로, 우리의 애착
  시스템이 어떻게 연인에 대한 감정이나 행동을 불러일으키는지
  설명한다. 연인이 서로의 애착 유형을 이해하며 연애할 것, 그리고
  불안형 애착을 가지고 있다면 안정형으로 바뀌도록 노력할 것을 권한다.

"To Infinity and Beyond!"